전 세계 아동의 14%
노동을 한다.

KB102996

지구 해양의 8%만이
보호 구역으로 지정되어 있다.

2016년 전 세계
담배 소비량의 42%는
중국에서 소비됐다.

2050년까지
거의 모든 바닷새가
플라스틱을
섭취하게 될 것이다.

2009~2018년에 일어난
84,000건의 테러 사건 중 거의 50%가
단 세 나라에서 발생했다.

# 지금 THE STATE OF THE WORLD ATLAS 세계

# 지금 THE STATE OF THE WORLD ATLAS 세계

지 도 를 펼 치 면 성 공 의 길 이 열 린 다

댄 스미스 지음 • 김이재 옮김

청아출판사

# 이전 판에 대한 찬사

"《지금 세계(The State of the World Atlas)》는 특별하다. 재치 있는 설명으로 우리의 통념을 뒤집는다. 요즘 세계가 어떻게 돌아가는지 한눈에 파악할 수 있도록 형형색색의 지도를 통해 효과적으로 표현했다."
〈뉴욕 타임스New York Times〉

"독보적으로 아름답고 독특하다. 데이터에 대한 깊이 있는 분석, 세련된 그래픽 디자인과 정교한 기술력, 화려한 컬러 지도를 통해 급변하는 세계의 지정학적 뉘앙스를 제대로 표현하는 데 성공했다. 이 지도책은 오늘날 우리에게 수십 가지의 추상적인 통계나 학술 자료보다 더 많은 것을 말해 준다."
〈로스앤젤레스 타임스Los Angeles Times〉

"왜곡을 최소화한 투영법과 최첨단 기술력을 적용한 탁월한 지도들이 눈부시다. 다양한 분야에서 활용 가치가 높은 지도책이다. 널리 사용될 가치가 있다."
〈뉴 소사이어티New Society〉

"그냥 책장에 꽂아 두기에는 너무 아까운 책이다. 단순한 지도책이라고 하기에는 너무나 흥미롭고 깊고 다양한 통찰이 담겨 있다. 이렇게 창의적인 작업은 뜨거운 갈채를 받아 마땅하다."
〈뉴 사이언티스트New Scientist〉

"전 세계적 억압과 불평등을 적나라하게 목록화하고 공들여 출처를 밝힌 지도책."
〈인디펜던트 온 선데이Independent on Sunday〉

"국제 마약 산업에서 기후 변화에 이르기까지 세상의 모든 것에 관한 흥미로운 사실과 수치로 가득 차 있다."
〈이브닝 스탠더드Evening Standard〉

"딱딱하고 지루한 통계 자료를 강렬한 시각적 표현으로 바꿔 놓은 정치 참고서이자 필독서."
〈엔엠이NME〉

# 목차

# 들어가며

**세계의 현황을 이해하는 첫 단계는
'세상은 항상 변하고 있다'는 단순한,
하지만 그렇게 단순하지만은 않은
사실을 깨닫는 것이다.**

세계와 인류가 처한 상황과 조건은 끊임없이 변화한다. 그 변화가 대규모이든 소규모이든, 갑자기 혹은 서서히 진행되든, 곧 끝나든 아니면 지속적으로 영향을 미치든 말이다.

보통 변화는 일종의 진보이다. 하지만 우리가 진보라고 생각했던 변화 중 일부는 별 가치나 장점도 없이 잠깐 스쳐 가는 유행일 수 있다. 어떤 변화는 지구 온난화와 대기 오염을 악화시키기에 매우 위험해 보이기까지 한다. 하지만 넓게 보면 인간은 실제로 엄청난 진보를 이루었고, 그 어느 때보다 더 많은 사람이 더 오래, 더 건강하게 살아간다. 극빈층은 20~30년 전보다 감소했고, 축적된 인류의 지식은 계속 확장되고 있다. 오늘날 인권은 200년 전에는 꿈도 꾸지 못했던 수준으로 높아졌다. 21세기의 첫 20년 동안 전쟁으로 희생된 사람은 20세기의 첫 20년 동안 희생된 사람보다 훨씬 적다.

세계에는 다양한 문제가 있고, 특히 코로나19 대유행(COVID-19 pandemic)의 영향이 어떻게 나타날지 불확실한 2020년에 이 글을 쓰는 내가 강조하고 싶은 메시지는, '인류는 지난 150여 년 동안 세계 대전, 식민주의, 환경 위기에도 불구하고 실제로 진보해 왔고, 그렇기에 우리는 앞으로도 더 발전해 나갈 수 있다'는 것이다.

우리가 경험하는 모든 변화가 진보일 수는 없지만, 계속 변화를 모색하는 것이 중요하다. 진보를 여행에 비유한다면, 그것은 평탄한 길을 달리거나 우주 공간을 미끄러지듯 활공하는 것이 아니다. 도로 위의 거대한 포트홀에 빠져 덜컹거리거나, 마구잡이로 쏟아져 내리는 운석들과 한 번 크게 충돌한 후에 또다시 충돌하며 요동치는 상황에 더 가깝다. 세계의 현 상태를 이해하는 가운데 변화가 진보인지 퇴보인지 판단할 수 있는 중요한 기준의 하나는 그 원인이 큰 충돌인지 작은 운석인지 구분하는 것이다.

보통 한 세대를 30년으로 볼 때, 지난 30년 동안

10년에 한 번꼴로 총 4번의 큰 변곡점이 있었다. 첫 번째 변화는 1989~1991년 서구 선진국 및 자유 진영을 대표하는 미국과 동유럽을 포함한 소비에트 연방이 대결을 벌이던 미소 냉전 체제가 종식되면서 찾아왔다. 소련과 미국의 대립이 막을 내리며 소련 또한 해체됐다. 1990년대가 열리며 유엔(UN)의 역할과 함께 국제 질서가 바뀌었다. 수만 개의 핵무기 폐기 협정이 체결되었고, 군사비 지출이 감소하기 시작했다. 10년 동안 민주주의를 채택한 국가는 증가했지만, 그 이행 과정은 결코 순탄하지 않았고, 1990년대 전반기 무력 충돌도 늘었다.

두 번째 격변은 2001년 9·11 테러 공격의 형태로 뉴욕과 워싱턴 D.C.에서 일어났다. 1990년대의 평화 배당금(peace dividend, 미소 냉전 종결 이후 군사 부문에 투입되던 자원을 평화 목적으로 대신하여 민생 부문에 분배한다는 의미에서 사용된 용어)이 과연 평화를 위한 것인지 의심하는 목소리도 높아졌다. 1979년 12월 소련의 침공으로 시작된 아프가니스탄에서의 오랜 전쟁은 미국과 그 동맹국들이 개입하며 새로운 양상으로 전개되는 가운데 이라크 전쟁이 발발했다.

세 번째 변화는 2008~2009년 발생한 금융 위기로, 2010년에는 경제 분야 전반으로 그 여파가 확산됐다. 국가마다 위기의 정도는 달랐고, 경제적 생산력도 일부 회복되었지만, 지난 20년간 대부분의 선진국이 경험했던 행복한 호황기는 다시 오지 않았다.

네 번째 격변은 2020년 코로나19 전염병의 세계적 대유행으로 초래되었는데, 팬데믹 자체뿐만 아니라 그로 인한 경제적 영향까지 포함한다. 이 지도책을 완성한 시점인 2020년 중반 현재로서는 코로나19가 어떤 영향을 가져올지 정확히 파악할 수 없다. 우리는 모든 것이 바로 이뤄지길 바라는 시대에 살고 있지만, 여전히 역사적 의의는 사건이 끝나고 난 후에야 제대로 평가할 수 있다. 코로나19가 인류에게 어떤 의미였는지 이해하는 것은 과학이라기보다는 예술의 영역일 것이다. 코로나19 봉쇄 조치에 따른 경제적 영향(생산, 소비, 무역과 여행의 초토화)은 깊고 오래갈 듯하지만, 극적으로 상처가 회복될 가능성 또한 존재한다.

·

이러한 사건들은 단순히 큰 사건이라는 무게감 때문만이 아니라 느리게 진행되는 다른 사건들과 복잡하게 연결되어 있으며, 지속적인 상호작용을 통해 극적인 변화를 초래하기도 한다(현재의 코로나19 팬데믹의 경우도 그렇게 될 것이다). 이제 우리는 기후 변화 및 환경 위기와 같은 문제들에 직면하게 되었고, 지난 40여 년 동안 대부분의 국가에서는 불평등이 커졌다. 인구가 증가하는 가운데(인구수 자체보다는 인구 집중 현상) 도시화가 빠르게 진행되고 있다. 또한 우리는 경제 성장과 끝이 없는 듯한 기술 혁신을 목격하고 있다. 많은 나라에서 양성평등을 추구하고, 성 소수자(LGBTQ+)의 권리가 증진되고,

자유와 책임의 의미와 가치가 변하며, 한 국가 내에서 다른 인종과 민족, 종교 집단의 권리에 대한 논쟁이 격화되며 사람들 사이의 관계가 변화하고 있다.

이 지도책은 이 모든 이슈를 사진처럼 선명하게 보여 준다. 한 장의 사진이 아니라 역동적으로 변화하는 세계정세를 다양한 앵글로 보여 주는 연속 사진에 가깝다. 모든 주제를 다루거나 설명하지는 못하겠지만, 결정적 순간과 트렌드를 맥락과 함께 포착하려 했다. 이 책에 모든 정보를 담을 수는 없었지만, 완전한 지식에 이르는 길을 열어 줄 수 있는 이슈들을 다루려 노력했다.

■

2015년 유엔은 17개의 '지속가능발전목표(Sustainable Development Goals, SDGs)'와 함께 시대정신을 담은 프로그램인 '의제 2030(Agenda 2030)'에 합의했다. 이 목표가 달성된다면 인류는 한 단계 더 도약할 수 있을 것이다. 이러한 의제들은 인류의 진

| UN 의제 2030의 지속가능발전목표 | |
|---|---|
| 1. 모든 곳에서 모든 형태의 빈곤 종식 | 10. 국내 및 국가 간 불평등 감소 |
| 2. 기아 종식, 식량 안보와 개선된 영양 상태 달성, 지속 가능한 농업 강화 | 11. 포용적이고 안전하며 회복 가능하고 지속 가능한 도시와 주거지 조성 |
| 3. 모든 연령층을 위한 건강한 삶 보장과 복지 증진 | 12. 지속 가능한 소비와 생산 방식 보장 |
| 4. 모두를 위한 포용적이고 공정한 양질의 교육 보장 및 평생 교육 기회 증진 | 13. 기후 변화와 그로 인한 영향에 맞서기 위한 신속한 대응 |
| 5. 성 평등 달성과 모든 여성 및 여아의 권익 신장 | 14. 지속 가능한 발전을 위한 대양, 바다, 해양 자원의 보전과 지속 가능한 이용 |
| 6. 모두를 위한 물과 위생의 이용 가능성과 지속 가능한 관리 보장 | 15. 육상 생태계의 지속 가능한 보호·복원·증진, 숲의 지속 가능한 관리, 사막화 방지, 토지 황폐화 중지와 회복, 생물 다양성 감소 중단 |
| 7. 적정한 가격에 신뢰할 수 있고 지속 가능한 첨단 에너지에 대한 접근 보장 | 16. 지속 가능한 발전을 위한 평화롭고 포용적인 사회 증진, 모두에게 정의를 보장, 모든 수준에서 효과적이며 책임감 있고 포용적인 제도 구축 |
| 8. 포용적이고 지속 가능한 경제 성장, 완전하고 생산적인 고용과 모두를 위한 양질의 일자리 확대 | 17. 지속 가능한 발전을 위한 이행 수단 강화와 글로벌 협력 활성화 |
| 9. 회복력 있는 사회 기반시설 구축, 포용적이고 지속 가능한 산업화 확대와 혁신 추진 | |

보를 위한 여정에서 안전한 길을 제시하고 치명적 충돌을 피할 수 있는 능력을 키워 주며 여러 장애물에도 불구하고 계속해서 전진하게 한다. 17개의 핵심 목표 아래 2030년까지 달성해야 할 169개의 하위 목표들은 상상할 수도 있고 무엇보다 실현 가능한 것들이기에 더 나은 세상을 만들고 인류의 진보를 앞당긴다. 이 지도책에서는 '지속가능발전목표'를 인류가 직면한 다섯 가지 큰 도전, 즉 인류가 번영하려면 반드시 해결해야 할 다섯 가지 도전으로 분류하였다.

우선 인구 통계, 다양성, 거주 지역 등에 기초해 정체성을 이해한 후 인류가 극복해야 할 다섯 가지 도전 과제를 제시했다. 부와 빈곤이 어떻게 형성되고 격차가 발생하게 되는지, 권력자들이 시민의 인권을 어떻게 다루고 존중하는지, 전쟁과 평화의 문제, 인류의 복지와 건강, 지구의 지속 가능성 등이 주요한 내용이다.

각 도전 과제는 별개로 보이지만 사실은 서로 연결되어 있다. 코로나19 팬데믹의 영향은 모두에게 동일하지 않다. 부와 특권, 권력을 가진 일부만이 전염병으로부터 더 효과적인 보호를 받을 수 있다. 기후 변화와 환경 오염 역시 모두에게 같은 수준으로 영향을 주지는 않는다. 산업화 시대에 부유한 공장주들은 그들의 공장이 오염 물질을 배출하는 도시로부터 멀리 떨어져 살았다. 하지만 환경 문제는 물리적 거리에 의해 완전히 차단될 수 없으며 사회와 긴밀하게 연결되어 있다. 또한 문제의 원인, 정의하는 방식, 해결을 위한 자원 배분은 모두 사회가 어떤 방식으로 통치되는가에 따라 결정된다. 사회적 불평등과 인권 침해에 대한 불

## 협력은 피할 수 없는 현실이다.

만이 높을 때 통치자가 이들의 분노를 억누르면 곧장 정치적 불안과 무력 충돌로 이어질 수 있다. 기후 변화와 환경 위기로 사회적 불안이 커지면 폭발의 강도는 한층 더 높아질 수 있다.

최근 몇 년 동안 인류는 이러한 도전에 제대로 대응하지 못하고 있다. 이번에 10판으로 발행되는 이 지도책의 2013년도 9번째 판에서는 상대적으로 권리와 존중 부문을 긍정적으로 평가했었다. 실제로 일부 국가에서 민주주의가 확대되었고, 전쟁과 평화 그리고 인류의 건강 부문도 개선되는 추세였다. 그러나 불평등은 확대되고, 자연환경이 급속도로 파괴되었으며 부와 빈곤 부문에서도 진전은 없었다. 다섯 가지 도전 과제 중 세 부문은 완벽하게 대응하지는 못했더라도 그럭저럭 괜찮았으나, 나머지 두 부문은 확실히 부족했다. 이후로 민주주의는 통계상으로는 여전히 양호하나, 그 질이 저하되고 있다. 설상가상으로 지정학적 상황은 악화되었고, 무력 충돌이 잦아지면서 군비 규모는 냉전 때의 수준으로 되돌아갔다. 건강 측면에서는 팬데믹이 한창이다.

몇 해 전보다 상황은 더 악화되었지만, 개선을 위한 방안은 여전히 유효하다. 유엔의 '의제 2030'과 '지속가능발전목표' 자체가 이를 증명한다. 이 지도책에서는 평화 유지, 의료 개선, 경제 기능 재

편을 통해 자연환경을 보다 효과적으로 보호할 수 있는 길을 모색한다. 실제로 일부 지역에서는 상황이 개선되었다. 지역 사회에서 평화를 실천하고 이웃을 돕는 활동을 계획하고, 소규모 또는 대규모로 환경 보호 프로젝트를 진행하며, 좀 더 자연 친화적인 삶을 지향하고 사업을 전개하는 이들이 늘고 있다.

오늘날 국제 정치에서는 강대국과 약소국들 사이의 국제적 협력에 대한 욕구가 눈에 띄게 낮아졌다. 난관이 예상되긴 하지만 개선과 진보를 위한 노력은 언제든지 재개될 수 있다. 이 책에서 제시하는 어떤 도전과 문제도 한 국가 단독으로는 해결할 수 없다. 가장 강대하고, 가장 부유하고, 가장 인구가 많은 국가조차도 다른 나라의 도움이 필요하다. 한 나라가 전부 다 할 수 있다는 것은 환상에 불과하며, 협력은 피할 수 없는 현실이다.

나쁜 소식만 들리는 것 같지만, 실제 현실은 그렇게 나쁘지 않을 수도 있다. 불평등을 줄이고, 인권을 존중하고, 평화 지대를 넓히고, 공중 보건을 개선하고, 다음 팬데믹에 대처하기 위한 준비를 철저히 하고, 자연과 공존할 수 있는 건강한 관계를 형성하기 위해 필요한 결정을 내리는 데 힘을 모으기 위해 다양한 노력이 이루어지고 있다. 무엇보다도 끝까지 희망을 버리지 않고 함께 노력하는 것이 중요하다.

∎

끝으로, 표지에는 이름이 나오지 않았지만 이 책이 나올 수 있게 뒤에서 도와주신 분들께 감사드린다.

미리어드(Myriad) 출판사의 성실하고 예리하면서도 친절한 자넷 킹(Jannet King)은 다시 한번 이 시리즈의 10번째 판 편집을 맡아 주었다. 지도 제작과 시각화는 커린 펄먼(Corinne Pearlman)이 설정한 틀에 기초해 클레어 셰퍼드(Clare Shepherd)와 이자벨 루이스(Isabelle Lewis)가 담당했다. 이 모든 일은 칸디다 레이시(Candida Lacey)의 격려와 지원, 연구 조교 야코프 폴러(Jakob Faller)의 노고로 가능했다.

전면 봉쇄를 단행한 다른 나라들과는 달리 스웨덴은 가벼운 봉쇄 조치를 취하긴 했지만, 코로나19의 대유행 속에서 무사히 이 지도책을 간행한 것은 거의 초현실적인 경험이었다. 내가 제정신을 유지할 수 있었던 것은 가족들 덕분이다. 아사(Åsa), 펠릭스(Felix), 밥(Bob)은 가까이에서, 제이크(Jake), 제스(Jess), 조시(Josie), 제드(Jed) 가족과 레베카(Rebecca), 마커스(Marcus), 잭(Zac) 가족은 조금 떨어져 있지만 한 도시에 살면서 나에게 힘이 되어 주었다. 그들 모두에게 감사와 사랑의 마음을 전한다.

댄 스미스(Dan Smith)
스톡홀름
2020년 6월

# 역자 서문

저는 최근 《부와 권력의 비밀, 지도력(地圖力)》이라는 책을 냈습니다. 세계 100여 개국을 답사하고 지리학을 공부하며 얻은 깨달음을 담았는데요. 고대부터 현재에 이르기까지 당대 가장 정확한 최신 지도를 그릴 수 있었던 나라가 최강국이라는 교훈을 얻을 수 있었습니다. 원조 지리 강국 영국뿐 아니라 유럽의 소국 네덜란드는 지도의 힘을 실증하는 나라입니다. 네덜란드의 황금시대를 대표하는 화가 페르메이르의 그림에는 지도가 자주 등장하는데, 실제로 17세기 초 네덜란드는 세계에서 가장 정확한 최신 지도를 그리던 나라였습니다. 네덜란드 국민들은 지도로 마음을 합쳐 독립전쟁을 승리로 이끌었고 향신료 지도를 공유하며 경제 강국으로 깜짝 부상했죠.

지도력(地圖力)은 '지도를 읽고 활용하는 힘'이라는 뜻으로 제가 만든 신조어인데요, 저는 리더십(指導力)뿐만 아니라 지도력(地圖力)이 지도자의 필수자질이 아닐까 생각합니다. 혼란과 위기의 순간에 지도를 펼치고 정확한 방향을 제시하는 리더가 결국 위대한 지도자로 존경받게 되니까요. 실제로 알렉산더 대왕부터 대항해시대를 연 엔히크 왕자,

엘리자베스 1세 여왕, 나폴레옹, 조지 워싱턴, 토머스 제퍼슨, 윈스턴 처칠, 프랭클린 루스벨트, J. F. 케네디 등 세계사에 이름을 남긴 위대한 리더의 책상에는 늘 지도가 있었습니다. 탁월한 지도자들과 혁신을 선도하는 기업가들은 21세기에도 여전히 지도와 지구본을 곁에 두고 수시로 참고하는 경우가 많더라고요.

'전쟁은 최고의 지리 교사'임을 입증하듯 요즘 방송과 언론에서 지도가 자주 등장합니다. 코로나19 확진자 지도부터 우크라이나 전투 상황을 보여 주는 지도까지…… 우리는 지도라는 창을 통해 세상을 바라보고 이해합니다. 한편 지도는 미래를 암시하기도 합니다. 30년간 지리학을 열심히 연구하다 보니, 이제 저는 한 나라의 지리 교과서나 그 나라 사람들이 즐겨 찾는 지도만 봐도 그 나라의 운명을 어느 정도 예상할 수 있게 되었습니다. 제겐 일본과 베트남의 사례가 흥미로운데요, 비록 교과서의 종이 질은 별로였지만 90년대부터 최신 세계정보와 지리학을 열심히 가르쳤던 베트남은 눈부시게 도약했지만, 지리교육을 소홀히 한 일본의 국운은 쇠퇴했습니다. 부활을 모색하는 일본은

'잃어버린 지리교육 40년'을 반성하며 최근 국가 교육과정에서 지리를 강화했습니다.

'지도력(地圖力)이 국력'임을 입증하는 또 다른 사례는 한국이 아닐까 싶습니다. 우리가 세계가 놀란 경제 기적을 이룬 배경에는 지도가 있었습니다. 일제 강점기 선조들은 지도를 펼치고 해외로 나가 독립운동을 벌였고, 6·25전쟁이 발발하자 피난민들은 지도 달력을 보며 안전한 곳을 찾았습니다. 1960년대 극심한 가난 속에서도 김찬삼의 《세계 일주무전여행기》를 읽으며 꿈을 키웠고, 1970년대 들어서는 '세계는 넓고 할 일은 많다'라며 너도나도 세계지도를 펼쳤죠. 최근 미국을 위협하는 국가로 급부상한 중국 역시 지리 강국입니다. 덩 샤오핑의 개혁·개방 이후 중국은 초등학교의 고향 지리에서 시작해 고등학교에서는 환경 지리, 해양 지리, 우주 지리까지 가르치며 세계로 뻗어나갔죠. 청년 시절부터 늘 영어사전과 세계지도를 들고 다녔던 마오쩌둥을 존경하는 중국 지도자들의 방에는 대축척 중국 지도와 함께 정확한 세계지도가 있으니, 2013년 시진핑 주석이 공표한 일대일로(一帶一路) 정책은 그동안 중국이 쌓아 온 내공에

기반한 공간 전략인 셈입니다.

지도자의 지도력(地圖力) 수준에 따라 국운이 바뀌기도 하는데요, 미국이 대표적 사례입니다. 지도의 힘을 잘 아는 지도자가 등장해 전성기를 누리던 미국은 제2차 세계대전이 끝나자 슬럼프에 빠졌습니다. 하름 데 블레이 교수가 쓴 《왜 지금 지리학인가》를 보면 지리문맹 지도자들이 어떻게 미국의 경쟁력을 갉아먹었는지 보여 주는 구체적인 증거들이 제시되어 있습니다. 미국은 1940년대 후반부터 하버드대학을 비롯한 명문 대학에서 지리학과가 사라지고 지리교육이 약화되며 침체기를 겪었습니다. 2005년 구글맵 혁명 이후 급성장한 빅테크 기업과 플랫폼 산업 덕분에 미국은 전 세계의 공간 빅데이터를 수집하며 다시 승승장구하고 있습니다.

하지만 2000년대 이후 지리교육을 소홀히 해 온 한국은 그 대가를 톡톡히 치르는 중입니다. 국가 교육과정에서 지리를 필수과목으로 배운 50대 이상 세대는 그나마 나은 상황이지만 요즘 청년 세대 중에는 지리문맹이 많습니다. 최근 한국 외교

관들이 '발틱'과 '발칸'을 혼동하거나 국명을 오기하는 결례를 범해 큰 문제가 되었고, 2021년 여름에는 한 공영방송이 올림픽 개막식 중계방송에서 우크라이나, 아이티 등 20여 개 국가를 잘못 소개해 국제적 비난을 받았습니다. 2021년 말에는 지리문맹 청와대 대변인이 아르헨티나 출신 프란치스코 교황의 방북과 관련하여 "교황이 따뜻한 남반구 출신이라 겨울에는 움직이기 어렵다"라고 설명해 국제적 망신을 당했죠. 아르헨티나에 있는 교황의 고향은 남반구에 있지만 스키장이 있을 정도로 겨울이 춥습니다.

'지도를 잘 읽고 활용하는 사람이 지도자'라는 저의 소신은 확신이 되어 갑니다. 실제로 기업의 CEO 대상 강의를 나가 보면 학창 시절 지리를 좋아했고 지금도 지도를 자주 본다는 청중의 비율이 일반 대중 강연에 비해 현저히 높습니다. 한편 군 장성이나 국가 정보수집기관의 고위직 간부 중에는 지도를 곁에 두고 자주 본다는 분들이 일반인에 비해 압도적으로 많았습니다. 특히 '지도 한 장에 모든 전략이 다 들어 있다'며 정확한 최신 지도를 제작해 늘 새로운 군사 전략을 고민하신다는

제2 작전사령부 사령관님과 참모들을 직접 뵙고 나니 국민의 한 사람으로서 안심이 되었습니다.

제 책을 읽거나 강연을 들으신 분 중에는 '지도가 이렇게 중요한지 몰랐다. 이제 어떤 지도를 보면 좋겠냐'고 묻는 분이 많았습니다. 솔직히 국내에는 마땅히 추천할 만한 지도책이 없어 고민하다가, 미리어드 출판사에서 출간한 이 세계지도책을 번역하게 되었습니다. 세계 유수의 언론이 극찬한 이 지도책은 급변하는 세계를 따라잡기 위해 부지런히 업데이트되어 벌써 10판을 찍었습니다. 제가 이 지도책을 번역하는 동안 코로나19가 전 세계를 강타했고 국제 정세도 급변했습니다. 통계 수치도 달라지고 미국 대통령까지 바뀌는 등 세계는 지금도 계속 변화하고 있습니다. 역자로서 최신 정보를 담기 위해 노력했고 출판사 편집팀도 최선을 다했지만, 여전히 부족함이 눈에 띕니다. 이 책이 나온 후에도 변화를 추적해 내용을 계속 업데이트하고, 특히 다음 판은 한국의 상황과 관점을 반영해 좀 더 완벽하고 정확한 세계지도책을 출간하겠다는 다짐을 해 봅니다.

동학개미운동의 선봉장 존 리 대표님은 금융문맹 탈출에 이어 지리문맹 탈출을 강조하십니다. 투자에 성공하려면 국제 정세의 변화를 따라잡아야 하고 지도를 잘 읽어야 큰 기회를 잡을 수 있다는 말씀입니다. 금융문맹도 위험하지만, 지리문맹은 부자는커녕 생존조차 어렵게 하니 더 큰 문제입니다. 실제로 위험한 상황에서 자신의 안전을 스스로 지키려면 지도에 위험 요소를 정확하게 표시할 수 있어야 합니다. 혼란의 시기에 방향을 잘 설정하고 공간 전략을 잘 짜는 사람은 위기를 기회로 바꿀 수 있습니다. 나아가 요즘 화두가 되고 있는 ESG(환경, 사회, 지배구조) 경영을 제대로 실행하려면 최신 통계를 활용한 정확한 세계지도에 기초해 계획을 세우는 게 필수이니, 지리 공부는 미래를 위한 최고의 투자가 아닐까요?

최근 별세하신 이어령 선생님은 "코로나19 이후 지도를 펼치는 사람이 앞으로 100년을 이끌어 갈 것"이라는 말씀을 남기셨습니다. 급변하는 세상에서 성공의 기회를 잡으려면 그냥 지도를 보는 것에 그치지 말고 나만의 관점을 갖고 지도를 잘 읽어야 하고, 지금부터라도 열심히 지리를 공부해야 합니다.

자, 이제 우리 함께 《지금 세계》 지도책을 펼치고 '지리문맹 탈출'을 시작해 볼까요?

2022년 4월
김이재

# 우리는 누구인가

우리 시대를 무엇이라고 정의해야 할까? 현 시대를 설명하는 수많은 명칭이 쏟아져 나오는 가운데 전에 없던 새로운 수식어도 등장하고 있다.

그 어느 때보다 더 많은 인구가, 더 많은 나라에서 살고 있으며, 더 많은 사람이 도시에서 생활하고 있다. 이전에는 경험하지 못했던 일들이 발생하며 '뉴노멀(New Normal, 새로운 표준)'이라는 개념은 우리 시대를 정의하는 상투적인 표현이 됐다.

새로운—기후 변화의 결과
새로운—생물 다양성과 토지의 질적 손실
새로운—바다의 산성화
새로운—대기 오염 위기
새로운—바다를 뒤덮은 플라스틱 쓰레기
새로운—사이버 공간에 대한 우리의 의존성과 그
         오류에 대한 취약성
새로운—사스(SARS)에서 메르스(MERS), 코로나19
         로 이어지는 전염병 유행의 순환
새로운—위에 언급한 모든 것의 결합

세계 인구가 10억 명을 돌파한 것은 불과 200여 년 전의 일이다. 지구의 시간 척도에서는 눈 깜짝할 시간에 불과하고, 인간의 시간 척도로도 그리 긴 시간은 아니다. 오늘날 지구의 인구는 80억 명에 조금 못 미친다. 비록 증가율이 낮아지고는 있지만 세계 인구는 계속 증가하여 2050년에는 현재보다 20억 명가량 늘어나 100억 명에 달하고, 그중 3분의 2는 도시에 거주할 것으로 예상된다.

인류 역사상 이렇게 큰 규모의 인구통계학적 변화는 없었다. 2세기 전 산업혁명 당시 농촌에서 도시로 이주한 인구 규모는 이에 비하면 아무것도 아니다. 19세기 중엽부터 20세기 초까지 유럽에서 미주 신대륙으로 이주한 사람도 3천만 명에 불과했다. 21세기 들어 세계 인구는 매년 1억 명가량 늘고 있으며, 도시 인구는 더 빠르게 증가하고 있다.

인구가 증가하면 모든 것을 더 많이 소비할 수밖에 없다. 기술이 발전하면 1인당 소비량은 더 급격히 증가한다. 200년 전보다 인구는 8배 늘었지만, 경제 생산량은 50배 이상 증가했고, 물 소비량은 60배 이상, 에너지 소비량은 75배 이상 증가했다.

이러한 수치는 산업혁명으로 촉발된 혁신의 결과이지만, 우리에게 새로운 질문을 던진다 : 우리는 이러한 추세를 과연 얼마나 오래 지속할 수 있을 것인가?

# 세계의 현 상황

# 주권

기존 국가에서 얻어 낸
실효적인 독립

● 1918년 11월 11일 이전

● 1918년 11월 11일~
1945년 10월 23일

● 1945년 10월 24일~
1989년 11월 8일

● 1989년 11월 9일~
2019년 9월 30일

비주권국(본토)

러시아

카자흐스탄

몽골

북한

일본

크라이나

몰도바

보스니아헤르체고비나
조지아

리아

아르메니아

아제르
바이잔

우즈베키스탄

키르기스스탄

터키

프로스(터키)

프로스

레바논

라엘

요르단

타인 자치 정부

시리아

이라크

이란

투르크메니스탄

타지키스탄

아프가니스탄

파키스탄

중국

대한민국

쿠웨이트

바레인

카타르

이집트

사우디
아라비아

아랍에미리트

오만

수단

에리트레아

예멘

네팔

부탄

인도

방글라데시

미얀마

라오스

마카오
특별행정구(중국)

타이완

필리핀

홍콩 특별행정구(중국)

남수단

지부티

소말릴란드

에티오피아

푼틀란드

우간다

케냐

소말리아

몰디브

스리랑카

타이

베트남

캄보디아

곰(미국)

북마리아나 제도(미국)

미크로네시아연방

마셜 제도

팔라우

나우루

키리바시

투발루

토켈라우 제도

아메리칸사모아(미국)

사모아

왈리스 푸투나 제도(프랑스)

바누아투

피지

쿡 제도(뉴질랜드)

니우에섬(뉴질랜드)

통가

누벨칼레도니섬(프랑스)

노퍽섬(오스트레일리아)

프랑스령 폴리네시아(프랑스)

핏케언섬(영국)

르완다

부룬디

탄자니아

세이셸

브루나이

말레이시아

싱가포르

코모로

마요트(프랑스)

비아

말라위

마다가스카르

모리셔스

레위니옹섬(프랑스)

인도네시아

크리스마스섬(오스트레일리아)

파푸아
뉴기니

동티모르

솔로몬 제도

짐바브웨

모잠비크

카

스와질란드

레소토

오스트레일리아

뉴질랜드

19

# 국가의 형성

10년 단위로, 현재는 존재하지 않는 국가도 포함하여
실효적인 독립을 쟁취한 국가의 수
(2019년 9월 현재)

■■■ 1918년 11월 11일 이전
■■■ 1918년 11월 11일~1945년 10월 23일
■■■ 1945년 10월 24일~1989년 11월 8일
■■■ 1989년 11월 9일~2019년 9월 30일

우리 정체성의 일부분은 우리가 태어나고 자란 곳,
즉 조국에서 비롯되는데, 대부분의 국가는 비교적
최근에 탄생하였다. 유엔은 1945년 51개 국가에
의해 설립됐는데, 그중 일부는 당시 완전한 독립
국가도 아니었다(제2차 세계 대전에서 패배한 국가들은
애초에 제외됐다). 오늘날 유엔은 193개의 회원국을
보유하고 있다.

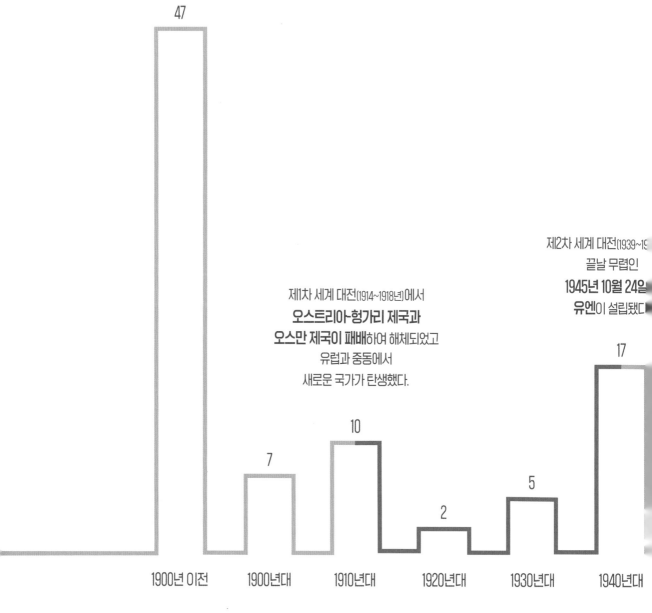

제1차 세계 대전(1914~1918년)에서
**오스트리아-헝가리 제국과
오스만 제국이 패배**하여 해체되었고
유럽과 중동에서
새로운 국가가 탄생했다.

제2차 세계 대전(1939~19
끝날 무렵인
**1945년 10월 24일**
**유엔**이 설립됐디

47

10

7

2

5

17

1900년 이전    1900년대    1910년대    1920년대    1930년대    1940년대

지난 세기 동안 국가들은 −항상 그랬던 것은 아니지만 보통− 전쟁과 유혈 사태를 배경으로 독립을 쟁취하거나 잃거나 되찾았고, 분열되거나 (재)통일되었다.

어떤 국가들은 실질적으로 독립을 달성하기도 전에 독립을 공식 선언하기도 했다.

이 책에서는 현대 세계에서 독립 국가들이 완전한 주권을 획득하지 못하는 다양한 경제적, 환경적, 정치적 상황이 제시된다. 하지만 주권은 정치적으로 매우 매력적인 상품임이 분명하고, 새로운 국가가 형성되는 시대는 아직 끝나지 않았다.

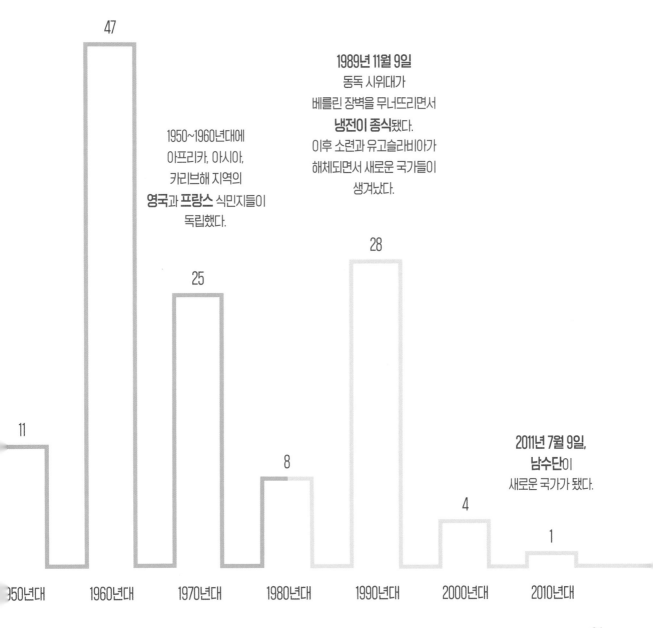

47

1989년 11월 9일
동독 시위대가
베를린 장벽을 무너뜨리면서
**냉전이 종식**됐다.
이후 소련과 유고슬라비아가
해체되면서 새로운 국가들이
생겨났다.

1950~1960년대에
아프리카, 아시아,
카리브해 지역의
**영국**과 **프랑스** 식민지들이
독립했다.

25

28

11

8

2011년 7월 9일,
**남수단**이
새로운 국가가 됐다.

4

1

950년대  1960년대  1970년대  1980년대  1990년대  2000년대  2010년대

# 인구

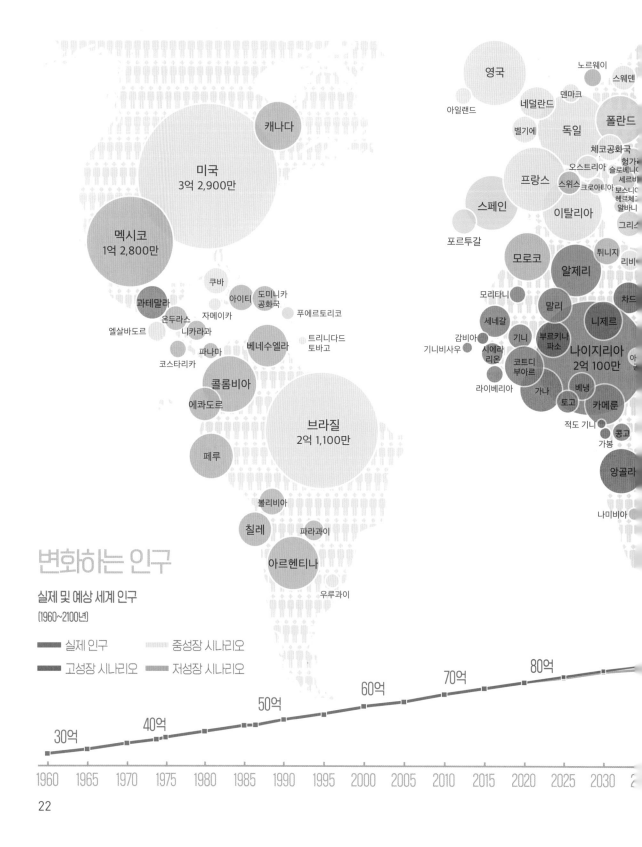

**캐나다**

**미국**
3억 2,900만

**멕시코**
1억 2,800만

과테말라
온두라스
엘살바도르
니카라과
파나마
코스타리카

쿠바
아이티
자메이카
도미니카
공화국
푸에르토리코

베네수엘라
트리니다드
토바고

**콜롬비아**
에콰도르

**브라질**
2억 1,100만

**페루**

볼리비아
**칠레**
파라과이
**아르헨티나**
우루과이

영국
노르웨이
스웨덴
아일랜드
네덜란드
덴마크
벨기에
**폴란드**
독일
체코공화국
오스트리아
헝가
슬로베니
**프랑스**
스위스 크로아티아
세르비
보스니(
헤르체
**이탈리아**
알바니
**스페인**
그리스
포르투갈

**모로코**
튀니지
리비
**알제리**
모리타니
말리
차드
**세네갈**
**니제르**
감비아
기니
부르키나
파소
기니비사우
시에라
리온
**나이지리아**
2억 100만
코트디
부아르
라이베리아
가나
베냉
토고
**카메룬**
적도 기니
콩고
가봉
**앙골라**
나미비아

**실제 및 예상 세계 인구**
(1960~2100년)

■■■ 실제 인구     ·····중성장 시나리오
■■■ 고성장 시나리오   ■■■ 저성장 시나리오

30억
40억
50억
60억
70억
80억

1960  1965  1970  1975  1980  1985  1990  1995  2000  2005  2010  2015  2020  2025  2030

# 세계 인구

연평균 증감률

(2019년)

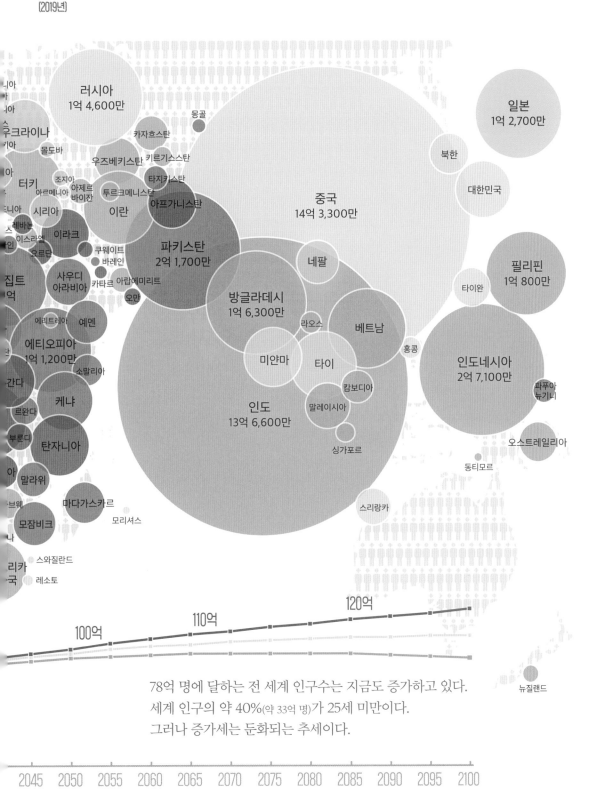

- ● 3.0% 이상
- ● 2.0%~2.9%
- ● 1.0%~1.9%
- ● 0.0%~0.9%
- ● -0.1%~-2.8%
- ○ 백만 명

러시아
1억 4,600만

몽골

일본
1억 2,700만

카자흐스탄

우크라이나

몰도바

우즈베키스탄 키르기스스탄

북한

조지아
아르메니아 아제르
바이잔

터키

타지키스탄

투르크메니스탄

대한민국

시리아

이란

중국
14억 3,300만

레바논
이스라엘
요르단

이라크

쿠웨이트
바레인

아프가니스탄

파키스탄
2억 1,700만

네팔

타이완

필리핀
1억 800만

집트

사우디
아라비아

카타르 아랍에미리트

오만

방글라데시
1억 6,300만

라오스

베트남

에리트레아
예멘

미얀마

타이

홍콩

인도네시아
2억 7,100만

에티오피아
1억 1,200만

소말리아

간다

케냐

캄보디아

말레이시아

파푸아
뉴기니

르완다

부룬디

탄자니아

인도
13억 6,600만

싱가포르

오스트레일리아

동티모르

말라위

브웨

마다가스카르

모리셔스

모잠비크

스리랑카

나

리카
국

스와질란드

레소토

120억

110억

100억

뉴질랜드

78억 명에 달하는 전 세계 인구수는 지금도 증가하고 있다.
세계 인구의 약 40%(약 33억 명)가 25세 미만이다.
그러나 증가세는 둔화되는 추세이다.

2045  2050  2055  2060  2065  2070  2075  2080  2085  2090  2095  2100

# 기대 여명

아이슬란드

노르웨이
스웨덴
핀란드
에스토니아
라트비아
리투아니아
러시아
아일랜드
영국
덴마크
네덜란드
벨라루스
벨기에
독일
폴란드
우크라이
룩셈부르크 리히텐슈타인
체코공화국
슬로바키아
몰도
프랑스
스위스
오스트리아 헝가리
루마니아
산마리노
슬로베니아
보스니아헤르체고비나
세르비아
포르투갈
안도라
크로아티아
몬테네그로
불가리아
스페인
이탈리아 알바니아
북마케도니아
그리스

캐나다

미국

멕시코

바하마
쿠바
도미니카
공화국
자메이카
아이티
푸에르토리코(미국)
세인트키츠네비스
앤티가바부다
벨리즈
온두라스
도미니카
과테말라
니카라과
세인트빈센트그레나딘
세인트루시아
엘살바도르
그레나다
바베이도스
코스타리카
트리니다드토바고
파나마

베네수엘라
가이아나
콜롬비아
수리남

에콰도르

페루

브라질

볼리비아

파라과이

칠레
아르헨티나

우루과이

튀니지
몰타
모로코
알제리
서사하라
(모로코)
리
카보
베르데
모리타니
말리
니제르
세네갈
감비아
기니비사우
기니
차
나이지리아
시에라리온
코트디
부아르
가나
베냉
카메룬
토고
적도 기니
라이베리아
상투메
프린시페
가봉
부르키나파소
콩고
앙골
보츠와나
나미비
남

## 더 오래 사는 삶

평균 기대 수명

(1870~2016년)

29.7 · 32 · 34.1 · 48 · 60 · 65.2 · 66.5 · 70.1 · 72

80세
70세
60세
50세
40세
30세
20세
10세
0

1870 1880 1890 1900 1910 1920 1930 1940 1950 1960 1970 1980 1990 2000 2010 2020

# 기대 수명

(2016년)

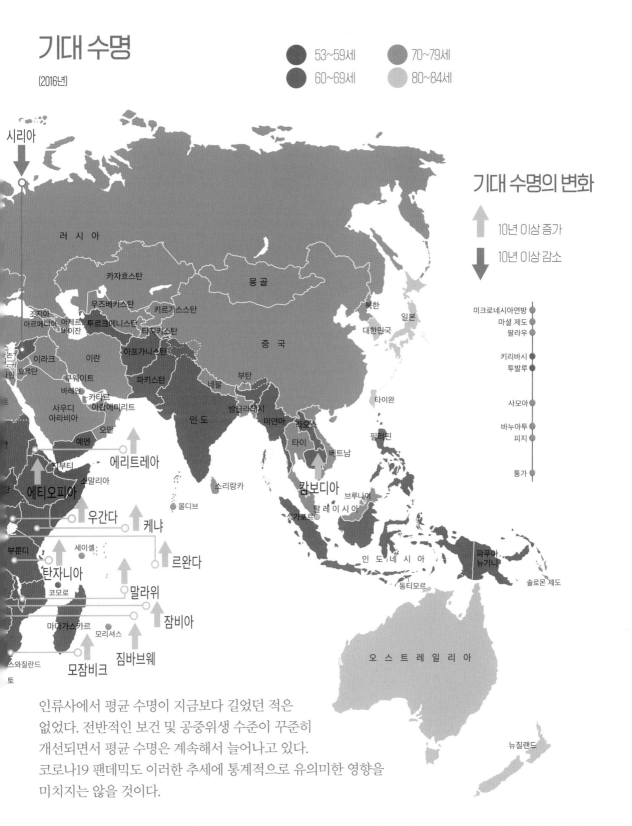

● 53~59세  ● 70~79세
● 60~69세  ● 80~84세

## 기대 수명의 변화

⬆ 10년 이상 증가

⬇ 10년 이상 감소

시리아

러시아

카자흐스탄

몽골

우즈베키스탄

키르기스스탄

북한

일본

조지아
아르메니아 아제르
바이잔

투르크메니스탄

타지키스탄

대한민국

이라크
요르단

이란

아프가니스탄

중국

쿠웨이트
바레인
카타르
아랍에미리트

파키스탄

네팔

부탄

타이완

사우디
아라비아

오만

인도

방글라데시

미얀마

라오스

예멘

에리트레아

필리핀

베트남

지부티

소말리아

소말리아

캄보디아

소말리아

스리랑카

몰디브

브루나이

에티오피아

말레이시아

우간다

케냐

싱가포르

부룬디

세이셸

르완다

탄자니아

코모로

말라위

인도네시아

잠비아

동티모르

파푸아
뉴기니

솔로몬 제도

마다가스카르

모리셔스

짐바브웨

스와질란드

모잠비크

토

오스트레일리아

뉴질랜드

미크로네시아연방
마셜 제도
팔라우
키리바시
투발루
사모아
바누아투
피지
통가

인류사에서 평균 수명이 지금보다 길었던 적은
없었다. 전반적인 보건 및 공중위생 수준이 꾸준히
개선되면서 평균 수명은 계속해서 늘어나고 있다.
코로나19 팬데믹도 이러한 추세에 통계적으로 유의미한 영향을
미치지는 않을 것이다.

2000년대에 남부 아프리카에서 후천성면역결핍증(HIV/AIDS)에 걸린 인구의 비율은 세계 평균의 30배에
달했다. 이것은 다른 질병들과 함께 이 지역의 평균 수명을 단축시켰지만, 최근 몇 년 동안 HIV/AIDS
관련 약물 치료와 공중 보건 캠페인은 괄목할 만한 긍정적인 영향을 미쳤다.

# 여성과 남성

- 캐나다
- 미국
- 멕시코
- 바하마
- 쿠바
- 아이티
- 벨리즈
- 자메이카
- 과테말라
- 온두라스
- 엘살바도르
- 니카라과
- 코스타리카
- 파나마
- 콜롬비아
- 에콰도르
- 페루
- 볼리비아
- 칠레
- 아르헨티나
- 파라과이
- 우루과이
- 브라질
- 베네수엘라
- 가이아나
- 수리남

도미니카공화국
푸에르토리코(미국)
—앤티가바부다
세인트빈센트그레나딘
그레나다 ●바베이도스
트리니다드토바고

- 아이슬란드
- 노르웨이
- 스
- 영국
- 덴마크
- 아일랜드
- 네덜란드
- 독일
- 벨기에
- 체코공
- 룩셈부르크
- 오스트
- 프랑스
- 스위스
- 크로아티
- 슬로베니아
- 몬테네
- 포르투갈
- 스페인
- 튀니지
- 모로코
- 알제리
- 카보베르데
- 모리타니
- 말리
- 니제르
- 세네갈
- 감비아
- 부르키나
- 기니비사우
- 파소
- 기니
- 코트디
- 나이지리아
- 시에라리온
- 부아르
- 라이베리아
- 카메룬
- 적도 기니
- 상투메
- 가봉
- 프린시페
- 콩고

26

# 세상의 여성

전체 인구에서 여성의 비율

(2018년)

● 40% 미만
● 40%~48%
● 49%~51%
● 52%~54%

러 시 아

아

우크라이나

몰도바

조지아

에스토니아

보스니아헤르체고비나

카자흐스탄

몽 골

아르메니아

아제르바이잔

우즈베키스탄

키르기스스탄

북한

일본

터키

투르크메니스탄

타지키스탄

대한민국

키프로스

시리아

이라크

이란

아프가니스탄

레바논

이스라엘

요르단

인 자치 정부

쿠웨이트

바레인

카타르

파키스탄

네팔

부탄

중 국

마카오 특별행정구(중국)

홍콩 특별행정구(중국)

이집트

사우디 아라비아

아랍에미리트

오만

인 도

방글라데시

미얀마

라오스

필리핀

수단

예멘

지부티

타이

베트남

남수단

에티오피아

소말리아

스리랑카

캄보디아

브루나이

우간다

케냐

몰디브

말 레 이 시 아

싱가포르

르완다

디

세이셸

인 도 네 시 아

파푸아 뉴기니

탄자니아

코모로

솔로몬 제도

비아

말라위

마다가스카르

동티모르

짐바브웨

모리셔스

모잠비크

스와질란드

오 스 트 레 일 리 아

비카

레소토

뉴질랜드

대부분의 국가에서는 남성과 여성의 수가 같거나,
여성이 더 오래 사는 경향이 있기 때문에
여성이 약간 더 많다. 하지만 일부 국가에서는
그 비율이 현저히 다르게 나타난다.

27

# 남아와 여아

출생 성비: 여아 100명당 남아의 수

(2017년)

111~115명
107~110명
104~106명*
102~103명

* 자연적인 출생 성비는
여아 100명당
남아 105명

캐나다

아이슬란드

노르웨이
스웨
영국 덴마크
아일랜드 네덜란드 독일
벨기에 체코
룩셈부르크 오스트리
프랑스 스위스
슬로베니아 크로아티
포르투갈 스페인 몬테네
이트

미국

튀니지

모로코

멕시코

바하마
쿠바
아이티 도미니카공화국
자메이카 푸에르토리코(미국)
앤티가바부다
세인트빈센트그레나딘 세인트루시아
그레나다 바베이도스
트리니다드토바고

알제리

카보베르데

모리타니 말리
니제르

세네갈
감비아 부르키나
기니비사우 파소 나이지리아
기니 코트디
시에라리온 부아르
라이베리아

과테말라
엘살바도르
온두라스
벨리즈
니카라과
코스타리카
파나마

베네수엘라
가이아나
콜롬비아 수리남

에콰도르

페루

브라질

볼리비아

파라과이

칠레

아르헨티나

우루과이

적도 기니
상투메
프린시페

카메룬
가봉
콩고

나

러 시 아

보스니아헤르체고비나

카자흐스탄

몽 골

북한

일본

우크라이나

몰도바

우즈베키스탄

키르기스스탄

조지아

대한민국

아르메니아 아제르바이잔

투르크메니스탄

타지키스탄

터키

키프로스

시리아

레바논

이라크

이란

아프가니스탄

중 국

이스라엘

인 자치 정부

요르단

쿠웨이트

파키스탄

네팔

부탄

마카오
특별행정구(중국)

이집트

바레인

카타르

아랍에미리트

홍콩 특별행정구(중국)

사우디
아라비아

오만

인 도

방글라데시

미얀마

라오스

필리핀

수단

에리트레아

예멘

타이

베트남

지부티

캄보디아

남수단

에티오피아

소말리아

스리랑카

브루나이

우간다

몰디브

말 레 이 시 아

케냐

싱가포르

르완다

부룬디

세이셸

탄자니아

파푸아
뉴기니

코모로

인 도 네 시 아

솔로몬 제도

말라위

동티모르

짐바브웨

마다가스카르

모잠비크

모리셔스

오 스 트 레 일 리 아

스와질란드

레소토

대부분의 국가에서 자연적인 출생 성비가
나타난다. 하지만 일부 국가에서는 출생 성비가
눈에 띄게 다르다.

뉴질랜드

# 민족과 다양성

아이슬란드
스웨덴
핀란드
노르웨이
에스토니아
라트비아
리투아니아
덴마크
아일랜드 영국
러시아
네덜란드
벨기에 독일 폴란드 벨라루스
룩셈부르크 체코공화국 슬로바키아 우크라이
프랑스 스위스 오스트리아 헝가리 루마니아
슬로베니아
보스니아헤르체고비나
크로아티아 세르비아 불가리아
몬테네그로
포르투갈 모나코 이탈리아 알바니아 북마케도니
스페인
그리스

캐 나 다

미 국

멕시코

바하마
쿠바 자메이카
벨리즈
과테말라 온두라스
엘살바도르 니카라과
코스타리카
파나마

아이티 도미니카
공화국 푸에르토리코(미국)
세인트키츠네비스 앤티가바부다
도미니카
세인트빈센트그레나딘 세인트루시아
그레나다 바베이도스
트리니다드토바고

베네수엘라 가이아나
콜롬비아 수리남
프랑스령 기아나(프랑스)

에콰도르

페루

브 라 질

볼리비아

파라과이

칠레 아르헨티나

우루과이

튀니지 몰
모로코
알제리 라

카보
베르데
모리타니 말리
세네갈 니제르
감비아
기니비사우 부르키나
파소 나이지리아
기니
시에라리온 코트디 중앙
부아르 골 카메룬
라이베리아

가봉
콩고

나미비

## 소수민족과 선주민

### 전체 인구 대비 비율*

(2019년 또는 이용 가능한 최신 자료)

* 국가에 따라 정의가 다름

- 10% 미만
- 10%~29%
- 30%~49%
- 50% 이상 (다수자 집단이 없음)
- 자료가 부족하거나 부적절함

인류의 다양성을 구성하는 요인은 우리가 속한 국가, 민족, 인종, 부족, 씨족과 같은 대규모 집단과 관련되어 있으며, 이러한 집단은 문화권에 따라 다양하게 정의된다. 자신이 속한 집단을 얼마나 중요하게 여기는지는 개인과 상황에 따라 다르다. 각 집단에 대한 소속감은 집단 구성원들이 일상적인 차별과 부당한 대우를 받을 때, 또는 전쟁과 같은 충격적인 사건이 발생해 위협을 받거나 두려움을 느낄 때 더 강해지고 뚜렷해진다.

러 시 아

카자흐스탄

몽 골

우즈베키스탄

키르기스스탄

북한

일본

대한민국

터키
(터키)

아르메니아

아제르
바이잔

투르크메니스탄

타지키스탄

시리아

(레바논)

이라크

이란

아프가니스탄

중 국

요르단

스
라
엘

팔레
스타인

쿠웨이트

바레인

카타르

네팔

부탄

타이완

마카오
특별행정구(중국)

트

사우디
아라비아

파키스탄

방글라데시

미얀마

라오스

홍콩 특별행정구(중국)

아랍에미리트

오만

인 도

타이

베트남

단

에리트레아

예멘

지부티

스리랑카

캄보디아

필리핀

곽(미국)

미크로네시아연방

마셜 제도

팔라우

나우루

키리바시

투발루

사모아

바누아투

피지

통가

누벨칼레도니(프랑스)

우간다

에티오피아

소말리아

몰디브

말레이시아

싱가포르

브루나이

케냐

르완다

부룬디

탄자니아

세이셸

독립 기념일, 전쟁 기념일, 왕실
결혼식과 같은 국가적 행사는
의례를 통해 집단의 정체성과
정서적 유대를 강화하는 기회가
된다. 삶의 많은 부분이 민족-
국가적, 인종적 정체성에 의해
형성됨에도 불구하고, 평소에는
이런 것들을 거의 인식하지
못하는 경우가 많다. 민족적,
국가적 차이로 인해 종종 전쟁이
일어나기도 하지만, 실제로는
다양한 집단이 평화롭게 공존하는
경우가 훨씬 더 많다.

인 도 네 시 아

파푸아
뉴기니

솔로몬 제도

동티모르

말라위

마다가스카르

모리셔스

브웨

모잠비크

스와질란드

소토

오 스 트 레 일 리 아

뉴질랜드

31

# 이주민

전체 인구 중에서 자신이 태어나지 않은 국가에
거주하는 사람의 비율

(2017년)

● 50% 이상
● 30%~49%
● 10%~29%
○ 10% 미만

아이슬란드

스웨덴
노르웨이
핀란드
에스토니아
라트비아
덴마크
러시아
리투아니아
아일랜드
영국
벨라루스
네덜란드
독일
폴란드
벨기에
체코공화국
우크
룩셈부르크
리히텐슈타인
슬로바키아
프랑스
스위스
오스트리아
헝가리
슬로베니아
루마니아
보스니아헤르체고비나
크로아티아
세
포르투갈
몬테네그로
불가리아
스페인
안도라
모나코
알바니아
북마케도니
이탈리아
그리스

튀니지

바하마
도미니카
공화국
쿠바
푸에르토리코(미국)
모로코
서사하라
(모로코)
알제리
ㄹ
아이티
세인트키츠네비스
앤티가바부다
멕시코
카보
베르데
세인트빈센트그레나딘
마르티니크(프랑스)
세인트루시아
모리타니
말리
니제르
벨리즈
자메이카
그레나다
바베이도스
감비아
과테말라
온두라스
트리니다드토바고
기니비사우
세네갈
부르키나
파소
나이지리아
엘살바도르
니카라과
기니
중
코스타리카
시에라리온
라이베리아
코트디
부아르
카메룬
파나마
베네수엘라
가이아나
적도 기니
수리남
상투메
프린시페
가봉
콜롬비아
프랑스령 기아나(프랑스)
콩고
에콰도르
페루
브 라 질
볼리비아
파라과이
나미
칠레
아르헨티나
우루과이
남

난민과 이주 노동자를 포함해
세계 인구의 약 3.3%가 국제
이주자이다. 국내 이주는 국제
이주에 비해 3배 이상 많다.

전 세계적으로
약 **2억 5,800만 명**의
사람들이 자신이 태어나지 않은
나라에서 살고 있다.

러 시 아

카자흐스탄

몽 골

우즈베키스탄

키르기스스탄

북한

조지아
아르메니아
아제르
바이잔

투르크메니스탄

대한민국

일본

타지키스탄

러키
로스
바논

시리아
이라크

이란

아프가니스탄

중국

요르단
쿠웨이트
부탄

바레인
카타르

네팔

마카오
특별행정구(중국)

트

인 자치 정부

파키스탄

아랍에미리트

방글라데시

홍콩 특별행정구(중국)

사우디
아라비아

오만

인 도

미얀마

라오스

단

에리트레아

예멘

스리랑카

타이

필리핀

베트남

지부티

캄보디아

브루나이

수단

에티오피아

말 레 이 시 아

우간다

소말리아

몰디브

싱가포르

케냐
르완다

세이셸

파푸아
뉴기니

탄자니아

인 도 네 시 아

솔로몬 제도

코모로

말라위

동티모르

마다가스카르

모리셔스

브웨
모잠비크

레위니옹

스와질란드

오 스 트 레 일 리 아

세소토

뉴질랜드

# 공용어

국가적·지역적으로 사용되는 공용어의 수

(2019년 또는 이용 가능한 최신 자료)

4개 이상
3개
2개
1개
공용어를
지정하지 않음

러 시 아

카자흐스탄

몽 골

우즈베키스탄

키르기스스탄

조지아
아르메니아    아제르        투르크메니스탄
                바이잔
터키                          타지키스탄            북한
프로스                                                대한민국    일본
레바논    시리아    이란    아프가니스탄        중 국
        이라크
  요르단                                              부탄
인 자치 정부  쿠웨이트    파키스탄    네팔              마카오
        바레인        카타르                          특별행정구(중국)    타이완
트              아랍에미리트              인 도  방글라데시        홍콩 특별행정구(중국)
        사우디                                미얀마    라오스
        아라비아    오만                            타이
        에리트레아    예멘                                필리핀
단                                                베트남
        지부티                                  캄보디아
수단    에티오피아                                        브루나이
                소말리아            몰디브          말 레 이 시 아
우간다                                              싱가포르
르완다    케냐
탄자니아    세이셸                                  인 도 네 시 아        파푸아
                                                                뉴기니
        코모로                                                        솔로몬 제도
말라위                                                동티모르
아        마다가스카르    모리셔스
브웨                레위니옹
        모잠비크
        스와질란드
레소토

뉴질랜드

35

# 신앙

대다수의 사람들이 종교를
믿는다. 비록 인구 조사
때 종교를 밝히는 것과
실제로 신앙을 실천하는
것은 매우 다른 문제지만, 많은
사람에게 종교는 정체성의 기본
표지(marker)이다. 다른 특성으로
분열된 집단도 종교적 신념이
같으면 하나로 뭉칠 수 있다.
종교가 다르더라도 윤리적인
기반과 영적인 측면에서
공유할 수 있는 가치가 있다면
상호 이해와 존중이 가능하다.

그러나 종교적 정체성은 지역적,
국가적, 민족적, 문화적 정체성과
마찬가지로 타인과 분명히 구분되는 지표다.
서로 다른 종교를 가진 사람들이 그들의
차이를 표출할 때, 종교 지도자들이 그
방식을 통제할 수 없거나 통제하지 않을
경우 갈등이 고조되어 폭발할 수 있다. 인류
역사상 가장 끔찍한 폭력의 몇몇은 종교의 이름으로
행해졌고, 지금도 벌어지고 있다. 또한 기독교 내의
개신교와 가톨릭, 이슬람의 수니파와 시아파의 갈등
사례처럼 같은 종교 안에서의 작은 차이가 최악의 폭력
사태를 부르기도 한다. 그러나 세계의 모든 주요 종교는
평화를 최우선 가치로 여긴다는 공통점이 있다.

## 신자(Believers)

### 가장 대중적인 종교 (이용 가능한 최신 자료)

**불교**
- 대승불교
- 소승불교

**기독교**
- 가톨릭
- 개신교
- 동방정교
- 독립적 소수 종파

**이슬람**
- 수니파
- 시아파
- 이바드파

**기타 종교**
- 힌두교
- 유대교
- 토착 종교
- 공식적 무종교

[지도 라벨]
아이슬란드, 그린란드(덴마크), 노르웨이, 스웨덴, 핀란드, 에스토니아, 러시아, 라트비아, 리투아니아, 덴마크, 아일랜드, 영국, 네덜란드, 독일, 폴란드, 벨라루스, 벨기에, 체코, 슬로바키아, 우크라이나, 룩셈부르크, 리히텐슈타인, 헝가리, 루마니아, 몰도바, 프랑스, 스위스, 오스트리아, 슬로베니아, 보스니아헤르체고비나, 크로아티아, 세르비아, 불가리아, 포르투갈, 모나코, 몬테네그로, 코소보, 스페인, 안도라, 이탈리아, 알바니아, 북마케도니아, 공화국, 지브롤터, 터키, 그리스

캐나다, 미국 2억 5,100만 명, 멕시코 1억 2,400만 명, 케이맨 제도(영국), 쿠바, 바하마, 자메이카, 아이티, 벨리즈, 과테말라, 온두라스, 엘살바도르, 니카라과, 코스타리카, 파나마

버뮤다 제도(영국), 도미니카 공화국, 푸에르토리코(미국), 앵귈라(영국), 앤티가바부다, 과들루프(프랑스), 세인트키츠네비스, 몬트세랫(영국), 도미니카, 아루바(네덜란드), 세인트루시아, 바베이도스, 그레나다, 세인트빈센트그레나딘, 트리니다드토바고

베네수엘라, 가이아나, 수리남, 프랑스령 기아나(프랑스), 콜롬비아, 에콰도르, 페루, 브라질 1억 9,000만 명, 볼리비아, 파라과이, 칠레, 아르헨티나, 우루과이

서사하라(모로코), 카보베르데, 모리타니, 세네갈, 감비아, 기니비사우, 기니, 시에라리온, 라이베리아

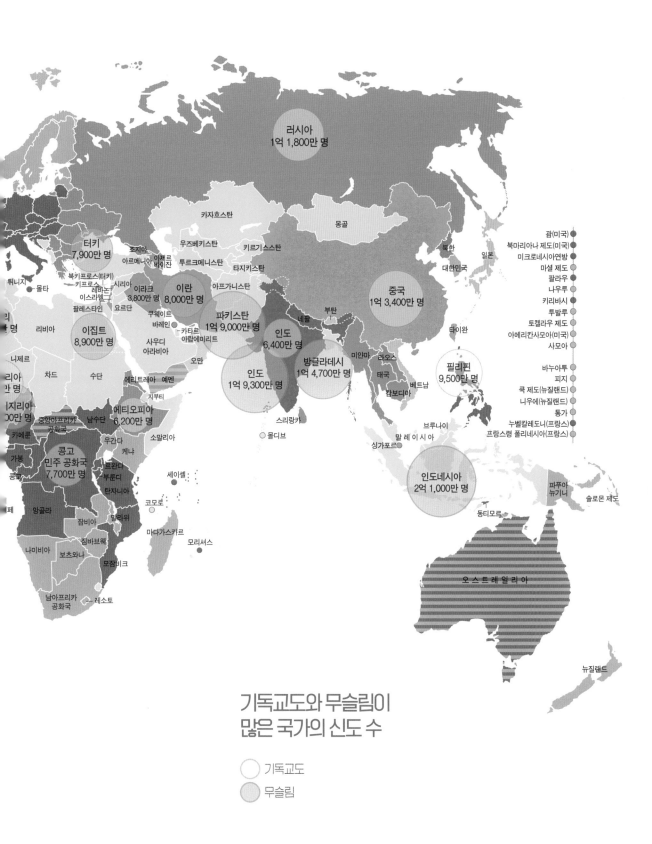

러시아
1억 1,800만 명

카자흐스탄

몽골

우즈베키스탄 키르기스스탄

투르크메니스탄

타지키스탄

북한

대한민국

일본

중국
1억 3,400만 명

타이완

터키
7,900만 명

조지아
아르메니아 아제르바이잔

북키프로스(터키)
키프로스
레바논
이스라엘
팔레스타인
요르단

시리아

이라크
3,800만 명

이란
8,000만 명

아프가니스탄

쿠웨이트
바레인
카타르
아랍에미리트

사우디
아라비아

오만

파키스탄
1억 9,000만 명

네팔

부탄

인도
6,400만 명

방글라데시
1억 4,700만 명

미얀마

라오스

태국

베트남

캄보디아

필리핀
9,500만 명

튀니지 몰타

리비아

이집트
8,900만 명

수단

니제르

차드

에리트레아 예멘

지부티

인도
1억 9,300만 명

스리랑카

몰디브

말레이시아

싱가포르

브루나이

리아
만 명

지리아
0만 명

중앙아프리카
공화국

남수단

에티오피아
6,200만 명

소말리아

카메룬

가봉

콩고

콩고
민주 공화국
7,700만 명

우간다

케냐

르완다
부룬디
탄자니아

세이셸

코모로

인도네시아
2억 1,000만 명

파푸아
뉴기니

솔로몬 제도

동티모르

앙골라

잠비아

말라위

마다가스카르

모리셔스

나미비아

보츠와나

짐바브웨

모잠비크

남아프리카
공화국

레소토

오스트레일리아

뉴질랜드

괌(미국)
북마리아나 제도(미국)
미크로네시아연방
마셜 제도
팔라우
나우루
키리바시
투발루
토켈라우 제도
아메리칸사모아(미국)
사모아

바누아투
피지
쿡 제도(뉴질랜드)
니우에(뉴질랜드)
통가
누벨칼레도니(프랑스)
프랑스령 폴리네시아(프랑스)

## 기독교도와 무슬림이
## 많은 국가의 신도 수

○ 기독교도

● 무슬림

37

# 세계의 종교

## 추정 신자 수
[이용 가능한 최신 자료]

**기독교**
- 가톨릭
- 개신교
- 동방정교
- 기타

**이슬람**
- 수니파
- 시아파

**여타 종교**
- 불교
- 힌두교
- 유대교
- 시크교
- 기타 종교

250만 명

43억 6,800만 명

10억 2,900만 명

5억 3,000만 명

이슬람은 세계에서 가장 빠르게 성장하는 종교다. 현재 추세라면, 2060년에는 무슬림 인구가 기독교도만큼 많아질 수 있다.

17억 1,600만 명

8억 3,100만 명

2,600만 명

1,500만 명

38

# 비종교인

종교가 없는 사람들의 비율
[이용 가능한 최신 자료]

- 20% 이상
- 10%~19%
- 10% 미만

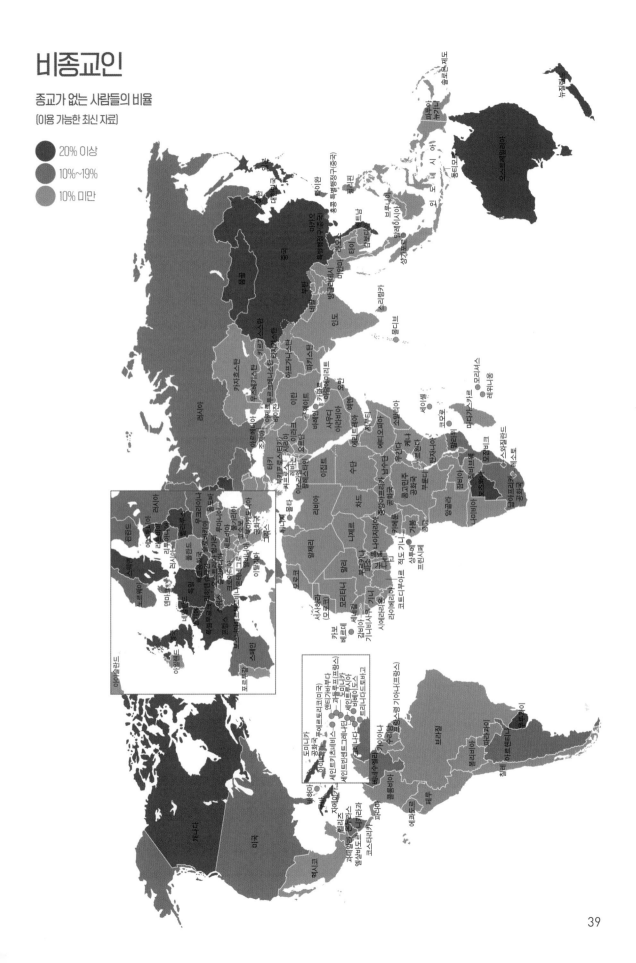

# 문해력과 교육

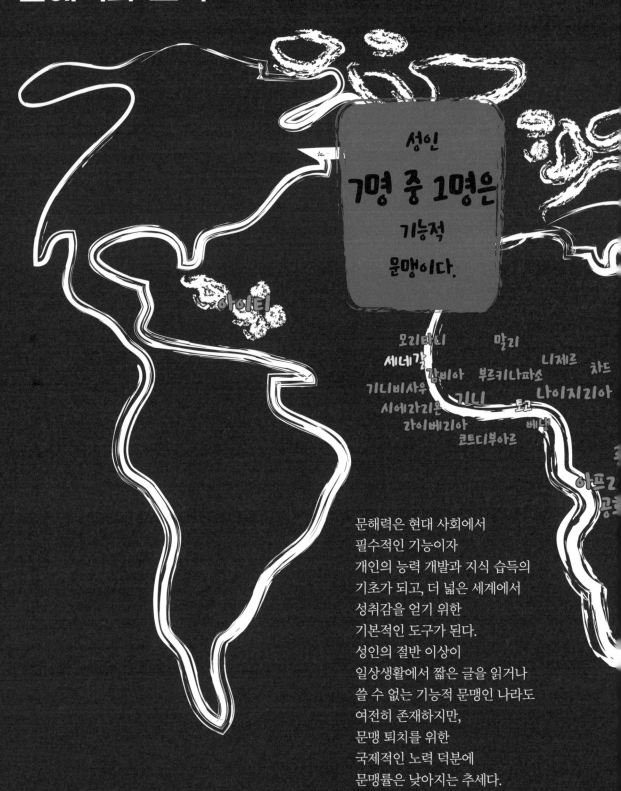

성인
**7명 중 1명은**
기능적
문맹이다.

아이티

모리타니　　　말리
세네갈
　　감비아　　부르키나파소　　니제르　　차드
기니비사우　　　　　　기니　　　　　　나이지리아
　시에라리온　　　　　　　　토고
　　라이베리아　　　　　　　　베냉
　　　코트디부아르

아프리
공화

문해력은 현대 사회에서
필수적인 기능이자
개인의 능력 개발과 지식 습득의
기초가 되고, 더 넓은 세계에서
성취감을 얻기 위한
기본적인 도구가 된다.
성인의 절반 이상이
일상생활에서 짧은 글을 읽거나
쓸 수 없는 기능적 문맹인 나라도
여전히 존재하지만,
문맹 퇴치를 위한
국제적인 노력 덕분에
문맹률은 낮아지는 추세다.

# 성인 문맹률

● 70% 이상    ● 50%~69%    ○ 35%~49%

아프가니스탄
파키스탄  네팔  부탄
이라크
예멘
에리트레아
에티오피아
부룬디
코모로
말라위
모잠비크

파푸아뉴기니
동티모르

문맹인 성인의
**66%**는
여성이다.

# 초등 교육

제때 초등 교육을 받은
아동의 비율
(2017년 또는
이용 가능한 최신 자료)

- 90% 이상
- 70%~89%
- 50%~69%
- 30%~49%
- 자료 없음

중등 및 고등 교육의 발전이 여전히
더딘 아프리카와 일부 지역에서도
어느 정도 기반이 갖춰진 곳에서는
초등 교육 분야에서 실질적인
개선이 이루어지고 있다.

뉴질랜드
솔로몬 제도
파푸아뉴기니
피지
팔라우
동티모르
오스트레일리아
인도네시아
브루나이
말레이시아
싱가포르
캄보디아
베트남
라오스
타이
미얀마
필리핀
방글라데시
부탄
마카오(중국) 특별행정구
홍콩 특별행정구(중국)
일본
북한
대한민국
몽골
러시아
네팔
인도
스리랑카
몰디브
모리셔스
세이셸
코모로
마다가스카르
카자흐스탄
키르기스스탄
우즈베키스탄
타지키스탄
파키스탄
이란
투르크메니스탄
아제르바이잔
아르메니아
조지아
시리아
레바논
이스라엘
팔레스타인
요르단
이라크
쿠웨이트
바레인
카타르
사우디아라비아
아랍에미리트
오만
예멘
지부티
에리트레아
에티오피아
이집트
수단
남수단
우간다
케냐
르완다
부룬디
탄자니아
말라위
모잠비크
스와질란드
레소토
잠비아
짐바브웨
보츠와나
앙골라
나미비아
남아프리카 공화국
콩고
가봉
콩고 민주 공화국
카메룬
중앙아프리카 공화국
차드
니제르
나이지리아
적도 기니
상투메 프린시페
베냉
토고
가나
코트디부아르
부르키나파소
라이베리아
시에라리온
기니
기니비사우
감비아
세네갈
카보베르데
모리타니
말리
알제리
모로코
리비아
튀니지
몰타

핀란드
스웨덴
노르웨이
에스토니아
라트비아
리투아니아
러시아
덴마크
아일랜드
영국
네덜란드
벨기에
룩셈부르크
프랑스
독일
스위스
오스트리아
슬로베니아
크로아티아
이탈리아
스페인
포르투갈
벨라루스
우크라이나
몰도바
루마니아
불가리아
헝가리
슬로바키아
폴란드
체코
보스니아
세르비아
몬테네그로
알바니아
마케도니아
그리스
터키
사이프러스
아이슬란드

캐나다
미국
멕시코
과테말라
벨리즈
온두라스
엘살바도르
니카라과
코스타리카
파나마
쿠바
바하마
자메이카
아이티
도미니카공화국
푸에르토리코(미국)
버뮤다 제도(영국)
도미니카 연방
세인트루시아
그레나다
바베이도스
세인트빈센트그레나딘
트리니다드토바고
앤티가바부다
세인트키츠네비스
콜롬비아
베네수엘라
가이아나
수리남
에콰도르
페루
브라질
볼리비아
파라과이
우루과이
칠레
아르헨티나

42

# 중등 교육

제때 중등 교육을 받은 청소년의 비율
(2017년 또는 이용 가능한 최신 자료)

- 90% 이상
- 70%~89%
- 50%~69%
- 30%~49%
- 30% 미만

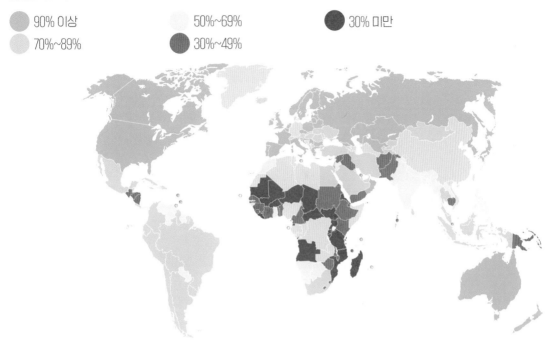

# 고등 교육

제때 고등 교육을 받은 사람의 비율
(2017년 또는 이용 가능한 최신 자료)

- 90% 이상
- 70%~89%
- 50%~69%
- 30%~49%
- 30% 미만

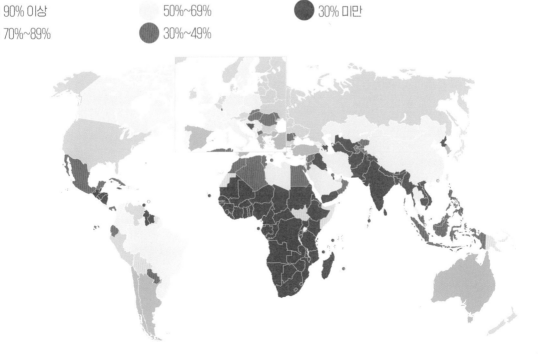

# 도시화

# 도시 인구

전체 인구 대비 도시 인구 비율
(2017년)

- 90% 이상
- 70%~89%
- 50%~69%
- 30%~49%
- 10%~29%
- 자료 없음

거주민이
1천만 명
이상인
대도시 지역

러 시 아

카자흐스탄

몽 골

우즈베키스탄

키르기스스탄

북한

대한민국

일본

조지아

아제르
바이잔

투르크메니스탄

타지키스탄

터 키

아르메니아

중 국

아프가니스탄

이란

로스

시리아

바논

이라크

쿠웨이트

파키스탄

네팔

부탄

엘

요르단

팔레스타인

바레인

카타르

아랍에미리트

인 도

방글라데시

미얀마

홍콩 특별행정구

마카오 특별행정구

사우디
아라비아

오만

라오스

타이

베트남

필리핀

트

단

에리트레아

예멘

캄보디아

지부티

수단

에티오피아

스리랑카

브루나이

우간다

케냐

소말리아

몰디브

말레이시아

르완다

싱가포르

부룬디

세이셸

탄자니아

코모로

인 도 네 시 아

파푸아
뉴기니

말라위

마다가스카르

동티모르

솔로몬 제도

브위

모리셔스

모잠비크

오 스 트 레 일 리 아

스와질란드

네소토

뉴질랜드

- 미크로네시아연방
- 팔라우
- 나우루
- 키리바시
- 투발루
- 사모아
- 바누아투
- 피지
- 통가

# 도시 거주자

전 세계 인구의 절반 이상이 도시에 살고 있고, 도시 거주자는 계속 증가하고 있다. 1800년에는 인구의 3% 정도만이 도시에 거주했지만, 2020년에는 55% 정도가 도시에 산다. 2050년 도시 인구는 68억 명에 이를 것으로 예상된다.

1950년, 세계 10대 도시는 유럽과 아메리카에 있었다. 그러나 교통과 통신의 발달로 고도로 밀집된 도시 환경에서 거주할 때 얻을 수 있는 경제적 이익이 감소하면서 유럽 주요 도시에서는 거주 인구 규모가 정체되거나 감소하고 있다.

최근 도시화는 빈곤국이나 중소득 국가, 개발도상국에서 활발한데, 생계 수단과 일자리를 찾아 농촌에서 도시로 이주하는 사람이 여전히 많기 때문이다.

메가시티가 밀집된 아시아에는 세계적인 금융 중심지와 초고층 빌딩이 경쟁적으로 들어서고 있는 거대한 도시권이 형성되어 있다. 하지만 전체 도시 거주자 중에 실제로 이러한 메가시티에 거주하는 비율은 1/8에 불과하고, 대부분은 더 적당한 크기와 수준의 중소도시에 거주한다.

## 10대 도시

1950년    2018년

👤 1백만 명    👤 1백만 명

전 세계 도시 인구
## 1950년: 7억 5,100만 명
## 2020년: 43억 7,900만 명

2,200만 명

멕시코시티,
멕시코

500만 명

시카고,
미국

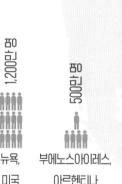

1,200만 명

뉴욕,
미국

500만 명

부에노스아이레스,
아르헨티나

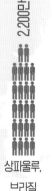

2,200만 명

상파울루,
브라질

800만 명

런던,
영국

600만 명

파리,
프랑스

2,000만 명

카이로,
이집트

500만 명

모스크바,
러시아

# 도시 규모

다양한 규모의 도시권에 사는
사람들의 수

(2018년)

● 인구 1천만 명 이상의
메가시티에 거주하는
5억 2,900만 명

● 인구 1백만~1천만 명의
대도시에 거주하는
12억 5,000만 명

● 인구 1백만 명 미만의
중소도시에 거주하는
24억 명

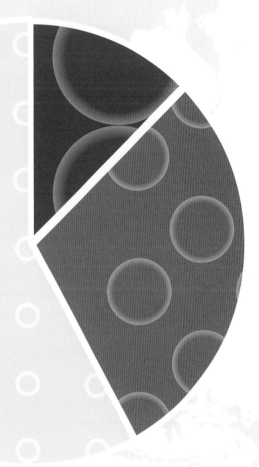

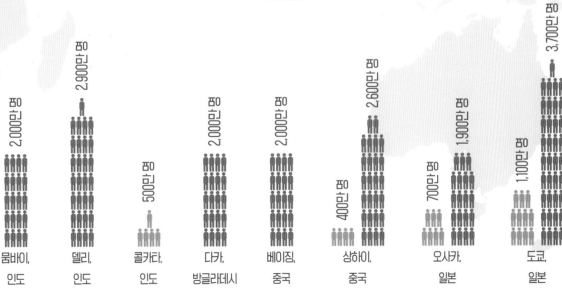

2,000만 명 — 뭄바이, 인도

2,900만 명 — 델리, 인도

500만 명 — 콜카타, 인도

2,000만 명 — 다카, 방글라데시

2,000만 명 — 베이징, 중국

400만 명 · 2,600만 명 — 상하이, 중국

700만 명 · 1,900만 명 — 오사카, 일본

1,100만 명 · 3,700만 명 — 도쿄, 일본

# 부와 빈곤

21세기 초 약 10년간 세계 경제는 생산량이 거의 2배가 될 정도로 놀라운 성장을 했다. 하지만 이후 2008~2009년, 2020년 두 차례에 걸쳐 대규모 경제 위기가 발생했다.

2008~2009년 경제 위기는 부적절한 담보 설정과 너무 높은 부채 비율 때문에 발생했다. 축제가 끝나자 경기는 후퇴했고, 침체에 빠졌다. 많은 국가에서 보건, 교육 및 복지 예산이 삭감됐다. 2010년대 들어 상황이 개선되고 경제가 회복된 나라도 있지만, 일부 국가는 10년이 지났는데도 긴축재정에서 탈출하지 못했다.

2020년이 시작될 무렵 코로나19가 출현했다. 팬데믹은 동물에게서 인간으로 바이러스가 전염되어 시작된 것으로 보인다. 각국 정부는 봉쇄 정책을 단행했고, 학교와 대학 그리고 대부분의 사업장이 문을 닫았다. 입국, 출국은 물론 국내 이동마저 대부분 금지되었고, 거의 모든 사람이 생필품을 구매하러 나갈 때를 제외하고는 집에 머물렀다. 많은 나라에서 아이들은 전혀 집 밖으로 나갈 수 없었다.

코로나19가 경제 전반에 얼마만큼의 영향을 미칠지 지금으로서는 명확하게 측정할 수 없겠지만, 단기적으로는 경제에 엄청난 충격을 주었다. 거의

50년 동안 꾸준히 성장해 온 중국 경제는 2020년 첫 3개월 동안 위축됐다. 미국에서는 3월과 4월에 3,300만 명이 실업 수당을 신청했다. 현대에 들어 그렇게 많은 일자리가 그렇게 빨리 사라진 적은 없었다. 몇몇 국가는 근로자의 임금을 보존하기 위한 법안을 처리했지만 지속 가능한 대안은 아니었다. 국제 항공 이동은 99% 감소했다. 믿을 만한 기관의 예측에 따르면 국제 무역이 최대 3분의 1 수준으로 감소할 수도 있다.

코로나19의 영향이 사회적으로 동일하지 않다는 증거가 속속 등장하기 시작했다. 저축은 고사하고 입에 풀칠하기도 바쁜 빈곤층은 가장 큰 타격을 받는다. 애초에 건강보험의 혜택을 받지 못한 경우였거나, 실직하면서 직장에서 제공하던 보험이 사라졌기에 전염병에 더 취약할 수밖에 없다. 통계에 따르면 1970년대 이후 부유한 국가에서는 불평등이 전반적으로 증가했으며, 코로나19의 영향으로 상황은 더 나빠질 듯하다. 정부의 지속적인 대응책이 없다면, 불평등은 더 심화될 가능성이 크다. 지난 30년 동안 극빈층이 급감했지만 2020년 상반기에는 이러한 추세가 반전될 징후가 나타나기 시작했다.

# 소득

2008~2009년의 경제 위기에도 불구하고, 세계 경제
생산량은 인구 증가보다 빠른 속도로 증가해 왔다.
하지만 이후 코로나19가 발발해 무역, 일자리 및
소득에 영향을 미쳤다.

## 경제 성장

세계 경제 성장률

43%
1989~1998년

95%
1999~2008년

56%
2009~2018년

# 국민총소득(GNI)

## 1인당 GNI
(2016년 또는 이용 가능한 최신 자료)

- ● $25,000 이상
- ● $10,000~$24,999
- ● $5,000~$9,999
- ● $1,000~$4,999
- ○ $1,000 미만
- ● 자료 없음

러 시 아

카자흐스탄

몽 골

우즈베키스탄

키르기스스탄

조지아
아르메니아
아제르바이잔

투르크메니스탄

타지키스탄

일본

대한민국

키프로스
레바논
이스라엘
팔레스타인

이라크

요르단

이란

아프가니스탄

쿠웨이트

파키스탄

중 국

네팔

부탄

마카오
특별행정구(중국)

타이완

이집트

바레인
카타르
아랍에미리트

사우디
아라비아

오만

인 도

방글라데시

미얀마

라오스

홍콩 특별행정구(중국)

수단

에리트레아

예멘

스리랑카

타이

베트남

필리핀

캄보디아

리카
국

남수단

에티오피아

몰디브

브루나이

말 레 이 시 아

콩고
민주
화국

우간다

케냐

르완다

부룬디

탄자니아

싱가포르

세이셸

코모로

인 도 네 시 아

파푸아
뉴기니

솔로몬 제도

잠비아

말라위

마다가스카르

모리셔스

동티모르

짐바브웨

츠와나

모잠비크

리카
국

스와질란드

레소토

오 스 트 레 일 리 아

뉴질랜드

미크로네시아연방 ●
마셜 제도 ●
팔라우 ●
나우루 ●
키리바시 ○
투발루 ●

사모아 ●

바누아투 ●
피지 ●

통가 ●

# 불평등

아이슬란드 스웨덴 핀란드 노르웨이 에스토니아 러시아 덴마크 라트비아 아일랜드 영국 리투아니아 러시아 네덜란드 독일 폴란드 벨라루스 벨기에 체코공화국 슬로바키아 우크라이나 룩셈부르크 오스트리아헝가리 몰도바 프랑스 스위스 슬로베니아 루마니아 크로아티아 보스니아헤르체고비나 포르투갈 몬테네그로 세르비아 불가리아 스페인 이탈리아 알바니아 코소보 북마케도니아공화국 터키 그리스

캐나다

미국

멕시코

도미니카 공화국 아이티 과테말라 온두라스 엘살바도르 니카라과 코스타리카 파나마 콜롬비아 에콰도르 페루 브라질 볼리비아 파라과이 칠레 아르헨티나 우루과이

튀니지 모로코 알제리 모리타니 말리 니제르 세네갈 감비아 부르키나 기니비사우 파소 기니 나이지리아 시에라리온 코트디 라이베리아 부아르 카메룬 상투메 가봉 프린시페 콩고

## 성별 임금 격차

남성의 평균 시급이 여성의 평균 시급을
초과하는 비율

(2016년 또는 이용 가능한 최신 자료)

임금 격차가 가장 큰 나라

- 36% 파키스탄
- 29% 남아공
- 26% 브라질
- 26% 아르메니아
- 26% 대한민국
- 26% 에스토니아

성별 임금 격차는 방글라데시를
제외한 모든 국가에서 남성의
임금이 여성의 임금보다 많은
것으로 나타난다.

임금 격차가 가장 작은 나라

- -5% 방글라데시
- 1% 감비아
- 3% 벨기에
- 7% 스위스
- 7% 룩셈부르크
- 8% 탄자니아

# 부의 분배

## 국가별

(2017년 또는 이용 가능한 최신 자료)

지니 계수(Gini index)

50~63 가장 불평등

40~49

30~39

22~29 가장 평등

자료 없음

지니 계수는 한 국가 내의 소득 분배 정도를 측정하는 계수로, 완전히 평등한 분배에서 얼마나 벗어나 있는지를 측정한다. 지니 계수가 높을수록 소득 불평등이 높다.

러시아

카자흐스탄

몽골

조지아
아르메니아

키르기스스탄

타지키스탄

대한민국

일본

미크로네시아연방

이라크
요르단

이란

중국

파키스탄

네팔

부탄

타이완

사모아

인도

방글라데시
미얀마

라오스

필리핀

피지

예멘

타이

베트남

치부티

에티오피아

스리랑카

우간다

몰디브

말레이시아

케냐

르완다
부룬디

세이셸

탄자니아

인 도 네 시 아

파푸아
뉴기니

솔로몬 제도

말라위

코모로

웨

마다가스카르

모리셔스

동티모르

모잠비크

스와질란드

소토

오스트레일리아

# 세계의 빈곤

하루에 1.9달러 미만으로 살아가는
인구의 비율 (2017년 또는 이용 가능한 최신 자료)

구매력평가지수
(PPP, Purchasing Power Parity)

- 50% 초과
- 26%~50%
- 25% 이하
- 자료 없음

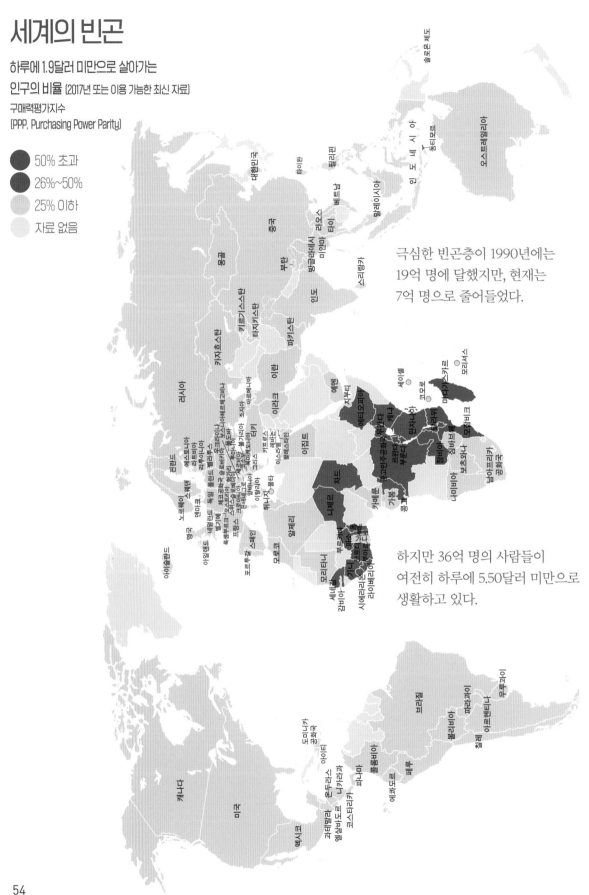

극심한 빈곤층이 1990년에는
19억 명에 달했지만, 현재는
7억 명으로 줄어들었다.

하지만 36억 명의 사람들이
여전히 하루에 5.50달러 미만으로
생활하고 있다.

# 소수의 부유층

## 억만장자가 가장 많은 나라 (2019년)

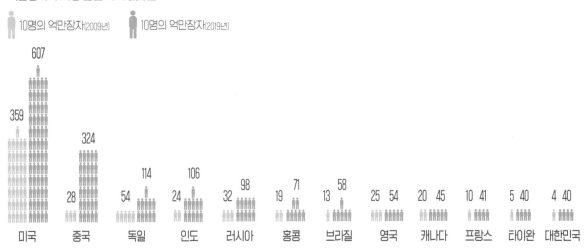

| | | 미국 | 중국 | 독일 | 인도 | 러시아 | 홍콩 | 브라질 | 영국 | 캐나다 | 프랑스 | 타이완 | 대한민국 |
|---|---|---|---|---|---|---|---|---|---|---|---|---|---|

10명의 억만장자(2009년)　10명의 억만장자(2019년)

359　607
28　324
54　114
24　106
32　98
19　71
13　58
25　54
20　45
10　41
5　40
4　40

---

# 경제 위기로부터의 회복

## 억만장자의 수와 그들의 총자산
## (2008~2019년)

억만장자들은 2008년 글로벌 경제 위기로
큰 타격을 받았지만 빠르게 회복했다.

4조 4천억 달러

1,125명

2조 4천억 달러

793명

8조 7천억 달러

2,153명

2008년　2009년　2019년

# 삶의 질

부가 행복의 유일한 조건은 아니지만,
부유한 국가들은 필연적으로 더 높은 삶의 질을
보장한다.

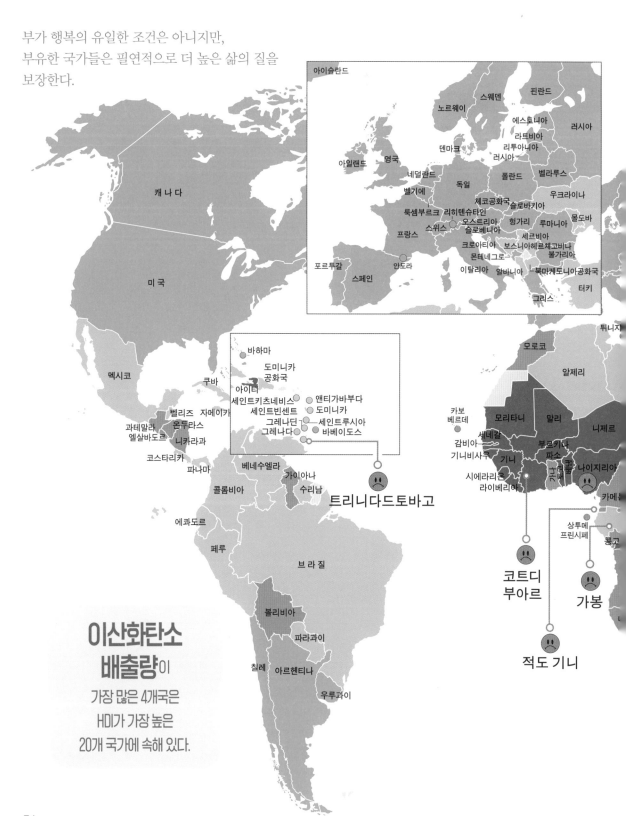

이산화탄소
배출량이
가장 많은 4개국은
HDI가 가장 높은
20개 국가에 속해 있다.

# 상대적인 인간개발지수

인간개발지수(HDI, Human Development Index)
(2017년)

● 매우 높음
● 높음
● 보통
● 낮음
● 자료 없음

인간개발지수는
기대 수명과 교육 수준,
1인당 국민소득을 종합한
국가별 점수다.

삶의 질을 높이는 부?

😞 HDI 순위가 국민총소득 순위에 비해 매우 낮은 국가
국가가 국민의 삶의 질 개선을 위해 평균보다 적은 예산을 투입하고 있음을 의미한다.

# 초국적 기업

아이슬란드

스웨덴 · 핀란드

노르웨이 · 에스토니아 · 러시아

덴마크 · 라트비아

아일랜드 · 영국 · 러시아

네덜란드 · 독일 · 폴란드 · 벨라루스

벨기에 · 체코공화국 · 슬로바키아 · 우크라이나

룩셈부르크 · 리히텐슈타인 · 오스트리아 · 헝가리 · 몰도바

프랑스 · 스위스 · 슬로베니아 · 루마니아

크로아티아 보스니아헤르체고비나 · 세르비아 · 불가리아

몬테네그로 · 코소보

포르투갈 · 이탈리아 알바니아 · 북마케도니아공화국

스페인 · 그리스 · 터키

캐나다

미국

멕시코

버뮤다 제도(영국)

바하마

쿠바 · 도미니카 공화국

아이티 · 푸에르토리코(미국)

세인트키츠네비스 · 앤티가바부다

자메이카 · 도미니카

벨리즈 · 그레나다 · 세인트루시아

과테말라 온두라스 · 바베이도스

엘살바도르 니카라과 · 세인트빈센트그레나딘

코스타리카 · 트리니다드토바고

파나마

베네수엘라 · 가이아나

콜롬비아 · 수리남

에콰도르

페루

브라질

볼리비아

파라과이

칠레 · 아르헨티나

우루과이

튀니지 · 몰타

모로코

알제리 · 리비아

카보 베르데

모리타니 · 말리 · 니제르 · 차드

세네갈

감비아 · 부르키나파소

기니비사우 · 기니 · 나이지리아

시에라리온 코트디부아르 · 중앙이 공

라이베리아 · 적도 기니 · 카메룬

상투메 프린시페 · 가봉

앙골라

나미비아

남아 공

초국적 기업은 막대한 부와 권력을 가지고 있다. 글로벌 기업은 특정 국가에 종속되지 않고 국경을 초월해 수익을 좇아 자유롭게 활동한다.

## 승자와 패자

〈포천(Fortune)〉지 선정 글로벌 기업의 순위 변화 (2019년)

**새롭게 진입한 33개 기업**
- 13 중국, 홍콩, 타이완
- 5 대한민국, 일본
- 7 유럽
- 5 미국, 캐나다
- 2 멕시코
- 1 인도

2019년 〈포천〉지 선정 글로벌 500대 기업

- 9 유럽
- 9 미국
- 8 중국
- 2 대한민국

**순위에서 제외된 33개 기업 중**

# 국가의 부를 능가하는 기업의 부

특정 초국적 기업의 연간 수익과 비교한
국민총소득(GNI)

(2017·2018년 또는 이용 가능한 최신의 GNI 데이터)

미국 달러

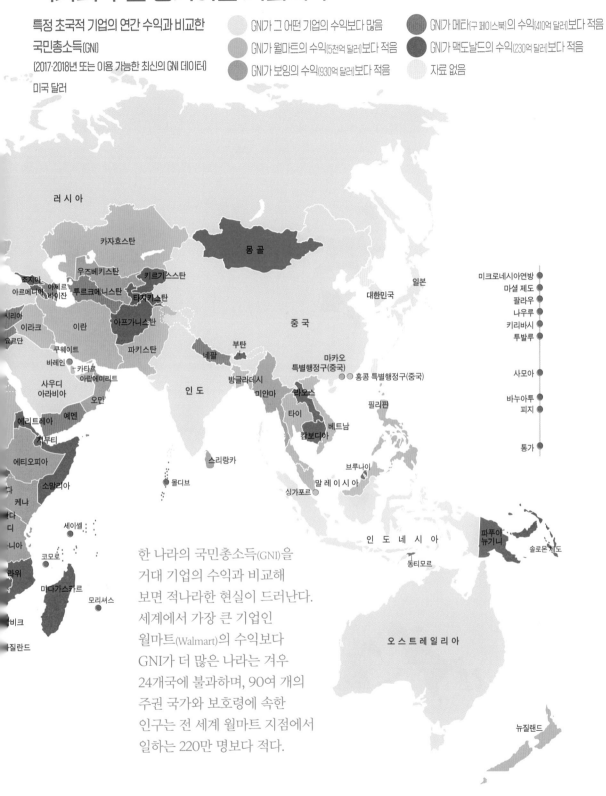

○ GNI가 그 어떤 기업의 수익보다 많음

○ GNI가 월마트의 수익(5천억 달러)보다 적음

○ GNI가 보잉의 수익(930억 달러)보다 적음

● GNI가 메타(구 페이스북)의 수익(410억 달러)보다 적음

● GNI가 맥도날드의 수익(230억 달러)보다 적음

○ 자료 없음

한 나라의 국민총소득(GNI)을
거대 기업의 수익과 비교해
보면 적나라한 현실이 드러난다.
세계에서 가장 큰 기업인
월마트(Walmart)의 수익보다
GNI가 더 많은 나라는 겨우
24개국에 불과하며, 90여 개의
주권 국가와 보호령에 속한
인구는 전 세계 월마트 지점에서
일하는 220만 명보다 적다.

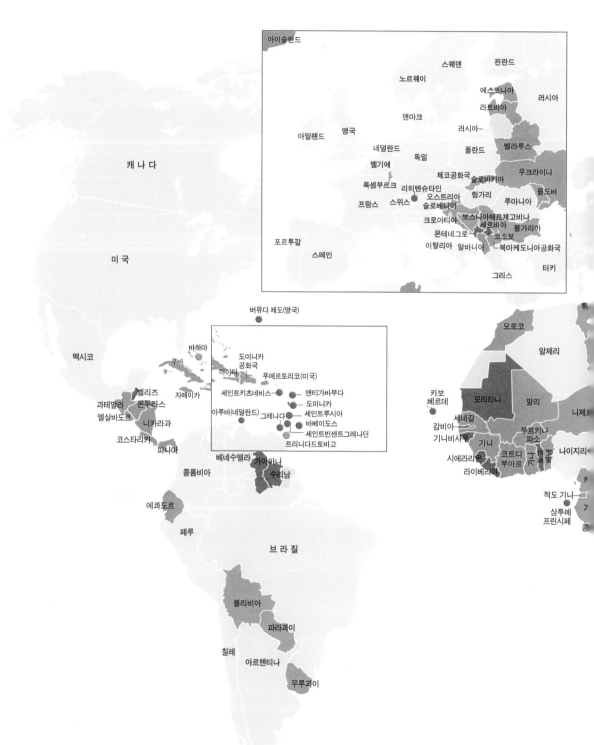

# 부의 비교

JP모건 체이스의 연간 수익 1,314억 달러와 비교한
국민총소득(GNI)

(2017~2018년 또는 이용 가능한 최신 GNI 자료)

● GNI가 JP모건 체이스의 연수익보다 많음
● GNI가 JP모건 체이스의 연수익보다 적음
● GNI가 JP모건 체이스의 연수익보다 적고, GNI를 전부 합쳐도
  JP모건 체이스의 연수익보다 적은 48개 국가들
● 자료 없음

러시아
카자흐스탄
몽골
우즈베키스탄
키르기스스탄
조지아
아르메니아
아제르바이잔
투르크메니스탄
타지키스탄
일본
대한민국
키프로스
시리아
레바논
이스라엘
이라크
이란
아프가니스탄
중국
팔레스타인
요르단
쿠웨이트
네팔
부탄
마카오 특별행정구(중국)
홍콩 특별행정구(중국)
파키스탄
이집트
바레인
카타르
사우디
아라비아
아랍에미리트
오만
인도
방글라데시
미얀마
라오스
필리핀
수단
에리트레아
예멘
타이
베트남
지부티
캄보디아
남수단
에티오피아
소말리아
몰디브
스리랑카
브루나이
우간다
케냐
말레이시아
싱가포르
르완다
부룬디
탄자니아
세이셸
코모로
인도네시아
파푸아
뉴기니
솔로몬 제도
밤비아
말라위
마다가스카르
모리셔스
동티모르
짐바브웨
모잠비크
스와질란드
레소토
오스트레일리아

미크로네시아연방
마셜 제도
팔라우
나우루
키리바시
투발루
사모아
바누아투
피지
통가

뉴질랜드

## 저울로 달아 보면…

(2017~2018년)

1,310억 달러
JP모건 체이스의
연수익

1,240억 달러
GNI가 가장 낮은
48개국의 GNI 합

# 부패

아이슬란드

노르웨이
영국
덴마크
아일랜드
네덜란드  독일
벨기에
룩셈부르크  오스
스위스
프랑스
슬로베니아  몬테
포르투갈  스페인

튀니지

모로코

알제리

캐 나 다

미 국

멕시코

쿠바  바하마

도미니카공화국
자메이카  아이티

과테말라  온두라스
엘살바도르  니카라과

코스타리카
파나마

베네수엘라
가이아나
수리남

콜롬비아

에콰도르

페루

브 라 질

볼리비아

파라과이

칠레

아르헨티나

우루과이

카보베르데  모리타니
세네갈  말리  니제르
감비아  부르키나
기니비사우  파소
기니  나이지리아
코트디  드
시에라리온  부아르
라이베리아
카메
적도 기니
가봉
상투메
프린시페

공공 부문의 부패는 통치력을
약화시키고 정부에 대한 국민의
신뢰를 떨어뜨린다. 국제투명성기구
(TI, Transparency International)는 조사
대상국 국민의 인식에 기초한 부패
관련 지표를 제공한다.

# 부패율

부패인식지수(CPI, Corruption Perceptions Index)에 따른
부패 정도

(2018년)

- ● 1.0~2.5 매우 부패
- ● 2.6~5.0 상당한 부패
- ● 5.1~7.5 용인할 만한 수준의 부패
- ● 7.6~10.0 매우 청렴
- ● 자료 없음

러 시 아

라이나
보스니아헤르체고비나
몰도바

카자흐스탄

몽 골

리 아
시 아
터키

조지아
아르메니아
아제르
바이잔

우즈베키스탄

키르기스스탄

투르크메니스탄

타지키스탄

북한

일본

대한민국

프로스
레바논
벨
스타인

시리아

이라크

이란

아프가니스탄

중 국

집트

요르단

쿠웨이트

파키스탄

네팔

부탄

타이완

바레인

카타르
아랍에미리트

사우디
아라비아

오만

인 도

방글라데시

미얀마

라오스

홍콩 특별행정구(중국)

수단

에리트레아

예멘

지부티

타이

베트남

필리핀

남수단

에티오피아

캄보디아

브루나이

바누아투

우간다

소말리아

스리랑카

말 레 이 시 아

케냐

몰디브

싱가포르

론완다
부룬디
탄자니아

세이셸

코모로

인 도 네 시 아

파푸아
뉴기니

솔로몬
제도

아

말라위

동티모르

바브웨

마다가스카르

모리셔스

모잠비크

오 스 트 레 일 리 아

스와질란드

레소토

뉴질랜드

# 지하 경제

공식 경제 대비 당국에 보고되지 않은 합법적 경제 활동 비율
(2004~2015년 평균)

지하 경제의 비중은 사회의 부패
정도를 보여 주는 하나의 지표다.
경제 활동 자체는 합법적이더라도
수입을 세무 당국에 보고하지
않는 탈세 행위는 불법이다.

51%~67%
36%~50%
21%~35%
7%~20%
자료 없음

러시아

카자흐스탄

키르기스스탄

타지키스탄

몽골

일본

대한민국

중국

타이완

홍콩 특별행정구(중국)

피지

우크라이나
몰도바

터키

조지아
아르메니아 아제르
바이잔

프로스
레바논
셀

시리아

요르단

쿠웨이트

바레인

카타르
아랍에미리트

이란

파키스탄

네팔

부탄

이집트

사우디
아라비아

오만

예멘

인도

방글라데시

미얀마

라오스

타이

베트남

캄보디아

필리핀

에리트레아

에티오피아

스리랑카

말레이시아

브루나이

싱가포르

우간다

케냐

소말리아
부룬디
탄자니아

몰디브

코모로

말라위

마다가스카르

짐바브웨

모잠비크

스와질란드

레소토

모리셔스

인도네시아

파푸아
뉴기니

솔로몬
제도

오스트레일리아

뉴질랜드

연간 최소
**5천억 달러** 규모의
세금 손실이 발생한다.
(전 세계 법인세 수입의 1/5 이상)

# 파나마 및 파라다이스 페이퍼스

파나마 페이퍼스(Panama Papers) 사건은 해킹이 아니라 익명의 취재원에 의해 유출되어 폭로된, 역사상 가장 규모가 크고 광범위한 문서 유출 사건이다. 이를 통해 부유한 개인과 기업 고객을 위한 '역외 서비스'를 제공하는 파나마 최대 법률회사인 모색 폰세카(Mossack Fonseca)가 보유한 비밀문서가 세상에 공개되었다. 국제적인 탐사 보도에 따르면 세무 당국의 시선을 피해 각국 고위층의 비자금을 숨기는 것이 모색 폰세카의 핵심 서비스였다. 이듬해에는 영국령 버뮤다와 싱가포르에 본사를 둔 3개 회사의 내부 문서가 담긴 파라다이스 페이퍼스(Paradise Papers)가 비슷한 방식으로 유출되어 공개되었다.

잘 알려지지 않았지만 역외 금융 서비스와 같은 국제 거래는 세계 경제 및 금융 시스템의 핵심을 이루고 있다. 두 문서 유출 사건으로 세계적인 정치가와 사업가, 유명인과 스타 연예인, 그들과 밀접한 관계가 있는 사람들이 자산을 숨기고 조세를 회피하기 위해 이러한 서비스를 이용해 왔음이 드러났다.

민주주의의 본질은 투명성과 책임감이다. 우리는 정부가 무엇을 하는지 보고, 몇 년에 한 번씩 선거를 통해 책임을 묻는다. 역외 금융 서비스업은 민주주의의 본질을 훼손한다. 그들은 업무상 비밀을 유지하고, 고객들이 합법적으로 취득한(또는 상속받은) 자산을 국가 규제나 과세 체계 밖으로 이동시키는 것 외에는 아무런 책임도 지지 않는다.

문서 유출로 드러난 이야기의 핵심은 공공 서비스에 필요한 자금을 확보하기 위해 세수가 필요한 정부와 세금을 내지 않으려는 부유한 개인들 사이의 줄다리기이다. 조세 피난처를 찾는 부자들은 개인과 기업뿐만 아니라 불투명하고 무책임한 거래를 통해 이익을 챙기는 몇몇 정부의 도움을 받기도 한다.

## 유출 규모

**파나마 페이퍼스**
**2.6**테라바이트 **1,150만** 개의 파일

**파라다이스 페이퍼스**
**1.4**테라바이트 **1,340만** 개의 파일

이러한 줄다리기는 구조적으로 불평등하다. 세수가 절실한 국가의 특권층이 역외 금융 서비스를 이용해 돈을 빼돌렸다는 비윤리성만이 문제가 아니다. 국가와 정부는 국경에 갇혀 있지만 자본은 자유롭게 국경을 넘나든다는 점에서 이미 기울어진 게임판이다. 부자들이 필요에 따라 정부 규제와 감시망을 피해 조용하고 안전한 곳, 즉 조세 피난처로 돈을 옮기는 것은 식은 죽 먹기다. 그러나 2016년 이후 역외 거래에 대한 조사가 강화되면서 조세 피난처는 과거만큼 안전한 곳은 아니다.

# 역외 금융 서비스

모색 폰세카의 파일(파나마 페이퍼스)에 등록된 기업 수를 기준으로 한 상위 10개 제공처
(1977~2015년)

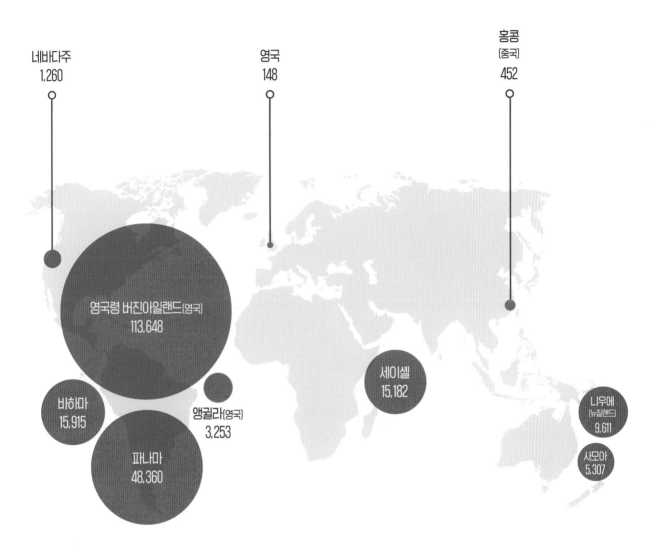

네바다주
1,260

영국
148

홍콩
(중국)
452

영국령 버진아일랜드(영국)
113,648

바하마
15,915

앵귈라(영국)
3,253

파나마
48,360

세이셸
15,182

니우에
(뉴질랜드)
9,611

사모아
5,307

많은 기업이 더 이상 자금을 숨기기 위한 가상의 시나리오에 만족하지 않는다. 인구가 11,000명에 불과한 카리브해 연안의 네비스섬에는 18,000개 이상의 기업이 등록되어 있고, 주민들은 수천 개에 달하는 위장 기업의 이사 혹은 사무총장으로 등재되어 있다.

런던의 한 스마트 거리에서는 하나의 주소에 2,000개가 넘는 회사의 본사가 등록되어 있다. 그중 극소수만이 실제로 그 건물을 사무실로 사용한다. 한 회사가 수많은 기업을 만들어 내는 작업을 하는 가운데, 그들은 실제로 1천만 개 이상의 기업을 탄생시킨 전력이 있다.

# 파나마와 파라다이스 - 권력자

파나마 페이퍼스(1977~2016)와 파라다이스 페이퍼스(1950~2016)에
이름을 올린 개인이 정치적으로 연관되어 있던 국가

현직 또는 전직
국가 지도자

현직 또는 전직
국가 지도자의
친척 또는 동료

현직 또는 전직
정치인 혹은
공무원

현직 또는 전직
정치인 혹은
공무원의 친척
또는 동료

자료 없음

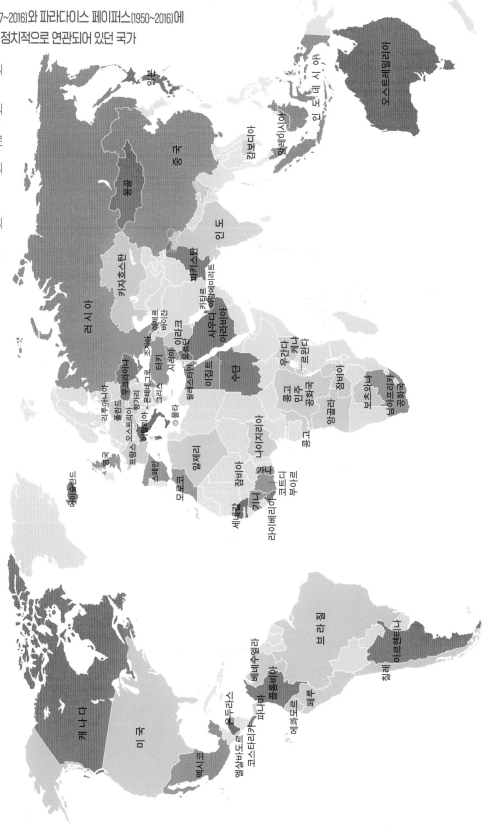

# 파나마 페이퍼스 - 유출의 효과

(2019년 3월 현재)

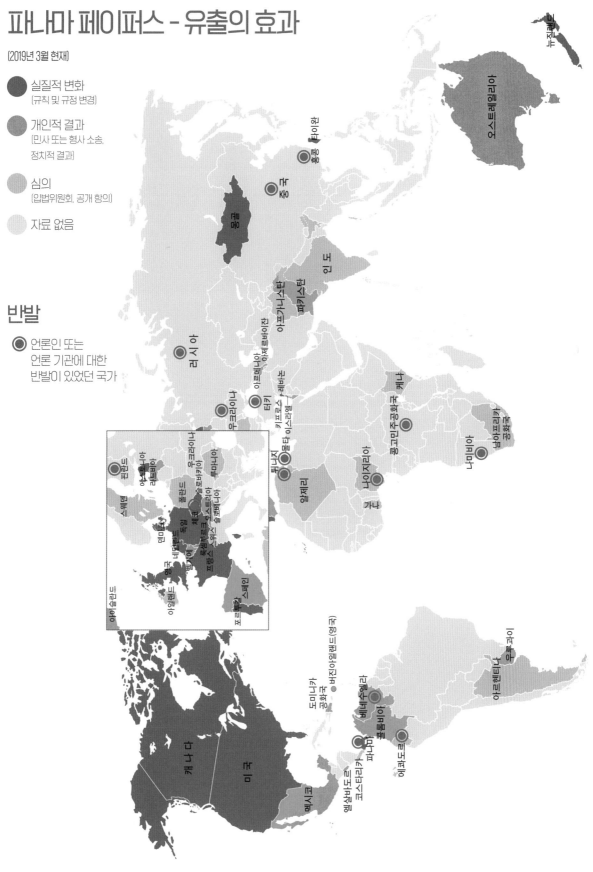

● 실질적 변화
(규칙 및 규정 변경)

● 개인적 결과
(민사 또는 형사 소송.
정치적 결과)

● 심의
(입법위원회, 공개 항의)

● 자료 없음

## 반발

◉ 언론인 또는
언론 기관에 대한
반발이 있었던 국가

뉴질랜드

오스트레일리아

타이완

홍콩

중국

몽골

인도

아프가니스탄

파키스탄

러시아

아르메니아

터키

카프로스 레바논
몰타 이스라엘

케냐

콩고민주공화국

남아프리카
공화국

잠비아

튀니지

알제리

나이지리아

가나

핀란드

에스토니아
라트비아

우크라이나

스웨덴

아일랜드

영국

덴마크

네덜란드
벨기에
프랑스

독일
룩셈부르크 오스트리아
스위스 슬로베니아

폴란드

체코
슬로바키아

루마니아

스페인

포르투갈

도미니카
공화국

버진아일랜드(영국)

우루과이

아르헨티나

베네수엘라

파나마

콜롬비아

브라질

엘살바도르
코스타리카

멕시코

캐나다

미국

# 부채

아이슬란드

노르웨이 스웨덴 핀란드

에스토

라트비아

아일랜드 영국 덴마크 러시아 리투아니

네덜란드 독일 폴란드 벨라루

벨기에 우

체코공화국 슬로바키아

룩셈부르크 오스트리아 헝가리 루마니

프랑스 스위스 슬로베니아 세르비아

산마리노 크로아티아 보스니아헤르체고

포르투갈 몬테네그로 코소보

스페인 알바니아 북마케

이탈리아 그리스

튀니

모로코

알제리

바하마 도미니카
공화국
아이티 푸에르토리코(미국) 카보
베르데 모리타니 말리
자메이카 세인트키츠네비스 앤티가바부다 니제르
세인트빈센트 도미니카 세네갈
과테말라 벨리즈 그레나딘 세인트루시아 감비아 부르키나
엘살바도르 온두라스 아루바 그레나다 바베이도스 기니비사우 파소
니카라과 (네덜란드) 트리니다드토바고 시에라리온 기니 나이지리아
코스타리카 라이베리아 코트디 부
파나마 베네수엘라 가이아나 부아르 카메
콜롬비아 수리남 적도
기니 가봉
에콰도르 상투메 콩고
프린시페
페루 브라질

볼리비아

파라과이

칠레 아르헨티나

우루과이

2020년 코로나19 팬데믹이
시작됐을 무렵, 세계 총부채는
250조 달러를 약간 밑돌았다. 그중
가장 큰 비중을 차지하는 것은 민간
기업이 진 부채였다.

# 국가 부채

국내총생산(GDP) 대비 총부채 비율
(2018년)

 150% 이상
 100%~149%
50%~99%
50% 미만
자료 없음

2018년
총 국가 부채는
65조 달러에 달했다.

러 시 아

카자흐스탄

우즈베키스탄

조지아     키르기스스탄
아르메니아  아제르
          바이잔  투르크메니스탄
터키              타지키스탄

키프로스         이라크      이란     아프가니스탄
레바논                              중 국
엘           요르단    쿠웨이트              네팔   부탄           대한민국
                                                                 일본
이집트          바레인                 파키스탄                        마카오           타이완
              사우디   카타르                      인 도  방글라데시   미안마  라오스  특별행정구(중국)
수단          아라비아  아랍에미리트                           베트남     홍콩 특별행정구(중국)
              에리트레아  예멘   오만                                타이          필리핀
                      지부티                                           캄보디아
남수단  에티오피아
                                          스리랑카
우간다                                                               브루나이
    케냐                                                 말 레 이 시 아
  르완다                     몰디브                         싱가포르
  부룬디      세이셸
  탄자니아
         코모로                                                      파푸아
비아   말라위                                    인 도 네 시 아         뉴기니         솔로몬 제도
       마다가스카르
집바브웨              모리셔스                         동티모르
모잠비크
  스와질란드                                         오 스 트 레 일 리 아
  레소토

                                                                      뉴질랜드

71

# 가계 부채

GDP 대비 민간 부채와 대출 및 부채 증권의 비율

(2017년)

2018년
총 가계 부채는
**46조 달러**에
달했다.

# 돈 버는 방법 – 주요 산업

현대 경제로 향하는 과정은 농업에서 대량 생산
산업, 첨단 기술을 활용한 제조업, 마지막으로
지식과 서비스 산업으로 이어진다.

아이슬란드

노르웨이　스웨덴　핀란드

에스토니아

라트비아

영국　덴마크　리투아니아　러
러시아

아일랜드

네덜란드　독일　폴란드　벨라루스

벨기에

룩셈부르크　체코공화국　우크라

슬로바키아

프랑스　스위스　오스트리아　헝가리　몰
루마니아

슬로베니아

보스니아헤르체고비나

포르투갈　크로아티아　세르비아　불가리아

안도라　모나코　몬테네그로　코소보

스페인　이탈리아　알바니아　북마케도니아

그리스

모로코

알제리

캐 나 다

카보　모리타니　말리
베르데　　　　　　　니
세네갈

멕시코　　　　　바하마　　세이셸

쿠바

미 국

감비아
기니비사우

벨리즈　자메이카

과테말라　온두라스

엘살바도르　니카라과

코스타리카

파나마

콜롬비아

베네수엘라

에콰도르

터크스 케이커스 제도(영국)

도미니카
공화국

야이티　푸에르토리코(미국)

세인트키츠네비스　앤티가바부다

도미니카

그레나다　세인트루시아
바베이도스

세인트빈센트그레나딘
트리니다드토바고

가이아나
수리남

기니

시에라리온
라이베리아

부르키나
파소

코트디부아르

나이지

적도
기니

상투메
프린시페

페루

브 라 질

볼리비아

파라과이

## 관광업 의존도

관광 수입이 GDP에 기여한 비율

(2018년, 일부 국가)

몰디브
32%

세이셸
27%

바하마
20%

칠레　아르헨티나

우루과이

# 어느 부문이 국가 경제를 지배하고 있나?

국내총생산(GDP)에 대한 기여도가 다른 부문보다
최소 20% 이상 높음

(2018년 또는 이용 가능한 최신 자료)

- 서비스업
- 농업과 서비스업
- 농업
- 제조업
- 제조업과 서비스업
- 모든 부문이 상호 20% 이내
- 자료 없음

러 시 아

카자흐스탄

우즈베키스탄

키르기스스탄

몽 골

일본

대한민국

조지아
아르메니아
아제르
바이잔
투르크메니스탄
타지키스탄

키프로스
레바논
이스라엘
팔레스타인 요르단
이라크
이란
아프가니스탄
중 국

이집트
쿠웨이트
바레인
카타르
아랍에미리트
사우디
아라비아
오만
파키스탄
네팔
부탄
마카오
특별행정구(중국)
홍콩 특별행정구(중국)

미크로네시아연방
마셜 제도
팔라우
나우루
키리바시

수단
예멘
인 도
방글라데시
미얀마
라오스

지부티
타이
베트남
필리핀
피지

남수단
에티오피아
스리랑카
캄보디아

우간다
몰디브
브루나이
말 레 이 시 아
싱가포르

르완다
케냐
세이셸
인 도 네 시 아

부룬디
탄자니아
코모로
동티모르

잠비아
말라위
마다가스카르
모리셔스

짐바브웨
모잠비크

스와질란드
레소토
오 스 트 레 일 리 아

뉴질랜드

75

# 권리와 존중

공동선을 달성하기 위해 제정된 법은 경제적 약탈과 폭력적인 충돌로부터 시민들을 보호한다. 법이 다수의 이익을 대변하기 위해 만들어지고, 시민에게 강요되는 것이 아니라 수용될 때 사회 질서는 법치에 기초하고, 시민과 국가 간의 계약은 책임감 있는 권위를 유지할 수 있다. 이러한 사회는 소수의 엘리트가 사익을 위해 법을 만들고 자의적으로 권력을 행사하는 사회보다 더 회복 탄력성이 높고 번영하기 마련이다.

민주주의가 확립된 국가의 수와 그 체제하에서 살아가는 세계 인구 비율로만 보면 21세기는 민주주의의 전성기라고 할 수 있다. 겨우 1~2세기 만에 이루어진 정치적 변화인 데다 20~30년 전만 해도 민주주의 정부가 세계 표준이 아니었음을 고려하면 실제로 이러한 성취는 눈부신 진보다.

독재 체제에서 민주주의로 이행하는 과정은 험난하다. 기득권 세력은 이러한 변화에 격렬하게 저항하기 마련이다. 평화를 유지해야 할 기관이 오히려 폭력을 조장하는 상황에서 갈등이 평화롭게 해결되기는 어렵다. 2011년과 2012년 중동을 휩쓴 민주화 물결로 리비아와 시리아에서는 내전이 벌어지며 곳곳에서 폭력 사태가 발생했다.

민주주의 체제가 도입되더라도 계속 유지되는 것은 또 다른 문제다. 지난 10년 동안 유럽, 아시아, 아메리카의 민주주의 국가에서 정치적 규범과 사회적 합의가 깨지는 상황이 전개되었다. 분열의 양상은 국가마다 다르나 주로 경제적인 문제에서 비롯되는 경우가 많으며, 분열이 발생하면 민주주의가 약화된다. 기후 위기 등 심각한 문제의 해결을 위해 정치력이 필요한 상황임에도 민주주의의 활력이 떨어지면 정치에 대한 관심이 낮아진다. 투표는 시민들의 최소한의 정치 참여인데, 투표율마저도 부진해진다.

2020년 몇몇 정부는 코로나19 팬데믹이라는 비상 상황에 대응해야 한다는 이유로 국민의 정치적 자유를 제한했다. 이러한 조치는 팬데믹과 그 충격에 효과적으로 대응하고 회복하는 국가의 능력을 약화시킬 것이라는 점에서 비극적 아이러니다.

# 정치 체제

## 그린란드(덴마크)

아이슬란드   페로 제도(덴마크)

노르웨이

영국   덴마크

아일랜드   네덜란드   독일

벨기에

룩셈부르크   리히텐슈

프랑스   스위스

크

포르투갈   스페인   모나코   바티칸

튀니

모로코   알제리

서사하라
(모로코)

카보
베르데   모리타니   말리

세네갈   니제르

감비아
기니비사우   기니   부르키나
파소   나이지리

시에라리온   코트디   부
부아르

라이베리아

적도
기니   카

상투메   가
프린시페   콩

캐 나 다

미 국

멕시코

버뮤다 제도(영국)

바하마

쿠바

케이맨 제도(영국)   도미니카
공화국

벨리즈   자메이카   아이티

과테말라   온두라스   푸에르토리코(미국)

엘살바도르   세인트키츠네비스   앤티가바부다

니카라과   그레나다   과들루프(프랑스)

네덜란드령   도미니카

앤틸리스 제도   세인트루시아   마르티니크(프랑스)

코스타리카   바베이도스

파나마   세인트빈센트그레나딘

베네수엘라   트리니다드토바고

콜롬비아   가이아나

수리남

에콰도르   프랑스령 기아나(프랑스)

페루

브 라 질

볼리비아

파라과이

칠레   아르헨티나

우루과이

포클랜드 제도(영국)

## 다양한 정치 체제

서로 다른 정치 체제하에서
살고 있는 사람들의 수 (2019년)

👤 1천만 명

**36억 7,900만 명**

**19억 8,300만 명**

**18억 2,000만 명**

**1억 5,200만 명**

확립된 민주주의

실질적 또는
공식적 일당 지배

약하거나 불확실하거나
과도기적인 민주주의

군주제 또는
신정 체제

# 현 정치 체제

[2019년]

- 확립된 민주주의
- 약하거나 불확실하거나 과도기적인 민주주의
- 실질적 또는 공식적 일당(one-party) 지배
- 군주제 또는 신정 체제
- 무질서 상태
- 속령

러 시 아

우크라이나
몰도바
아제르체고비나
가리아
니아
터키
북키프로스(터키)
키프로스
레바논
이스라엘
팔레스타인

조지아
아르메니아
아제르바이잔
시리아
이라크
요르단

카자흐스탄

우즈베키스탄
투르크메니스탄
키르기스스탄
타지키스탄

몽 골

북한
대한민국

일본

이란
아프가니스탄

이집트
쿠웨이트
바레인
카타르
아랍에미리트
사우디
아라비아
오만

수단
에리트레아
지부티
예멘

남수단
에티오피아
소말리아
우간다
르완다
부룬디
탄자니아
말라위

케냐

세이셸

코모로

파키스탄

네팔

부탄

중 국

타이완

인 도
방글라데시
미얀마
라오스
타이
베트남
캄보디아

필리핀

스리랑카

브루나이

말 레 이 시 아
싱가포르

몰디브

미크로네시아연방
마셜 제도
팔라우
나우루
키리바시
투발루
사모아
바누아투
피지
쿡 제도(뉴질랜드)
통가
누벨칼레도니(프랑스)
프랑스령 폴리네시아(프랑스)

짐바브웨
모잠비크
스와질란드
레소토

마다가스카르
모리셔스

인 도 네 시 아

동티모르

파푸아
뉴기니

솔로몬 제도

## 2019년,
역사상 처음으로
## 군부 독재 국가가
## 존재하지 않게 되었다.

오 스 트 레 일 리 아

뉴질랜드

6,200만 명          600만 명

𝍂𝍂𝍂𝍂𝍂𝍂

무질서 상태          속령

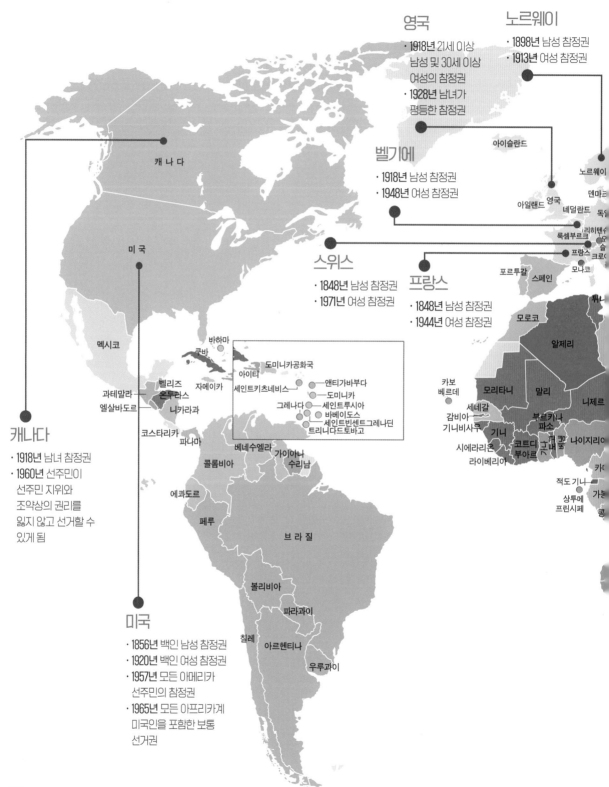

# 민주주의로의/민주주의로부터의 이행

보통 선거권을 부여하는, 약하거나 확립된 민주주의로 가장 최근에 전환한 시점
(2019년)

**영국**
· 1918년 21세 이상 남성 및 30세 이상 여성의 참정권
· 1928년 남녀가 평등한 참정권

**노르웨이**
· 1898년 남성 참정권
· 1913년 여성 참정권

**벨기에**
· 1918년 남성 참정권
· 1948년 여성 참정권

**스위스**
· 1848년 남성 참정권
· 1971년 여성 참정권

**프랑스**
· 1848년 남성 참정권
· 1944년 여성 참정권

**캐나다**
· 1918년 남녀 참정권
· 1960년 선주민이 선주민 지위와 조약상의 권리를 잃지 않고 선거할 수 있게 됨

**미국**
· 1856년 백인 남성 참정권
· 1920년 백인 여성 참정권
· 1957년 모든 아메리카 선주민의 참정권
· 1965년 모든 아프리카계 미국인을 포함한 보통 선거권

캐 나 다
미 국
멕시코
과테말라
온두라스
엘살바도르
니카라과
코스타리카
파나마
벨리즈
바하마
쿠바
자메이카
아이티
도미니카공화국
세인트키츠네비스
앤티가바부다
도미니카
그레나다
세인트루시아
바베이도스
세인트빈센트그레나딘
트리니다드토바고
베네수엘라
가이아나
수리남
콜롬비아
에콰도르
페루
브 라 질
볼리비아
파라과이
칠레
아르헨티나
우루과이

아이슬란드
아일랜드
영국
노르웨이
덴마크
네덜란드
독일
리히텐
룩셈부르크
프랑스
크로
모나코
포르투갈
스페인
튀니
모로코
알제리
카보 베르데
모리타니
말리
니제르
세네갈
감비아
기니비사우
기니
시에라리온
라이베리아
코트디부아르
나이지리아
적도 기니
상투메 프린시페
가봉
콩

부르키나 파소

81

# 종교의 자유

종교는 종종 정책적 이슈가 되고 일부 국가에서는 국가의 기반이 된다. 전 세계의 거의 4분의 1에 이르는 국가가 헌법이나 법률에 공식적으로 종교를 명시하고 있으며, 이것이 실제로 의미하는 바는 매우 다양하다.

국교(國敎)가 타 종교에 대한 편협함, 차별 또는 억압을 의미할 수도 있지만, 국가의 지원을 받는 종교 세력이 세속주의 사회에서 관용을 베풀고 다양한 종교와 공존한 사례도 있다. 반면 국가가 배제하거나 인정하지 않는 종교 집단에서 편협함과 폭력 사태가 발생하기도 한다.

## 샤리아(shari'ah)

이슬람 율법 체계(샤리아)는 코란, 예언자의 삶에 대한 설명, 추론, 법리적 의견에 대해 확립된 합의라는 네 가지 근원에서 유래한다. 샤리아는 서구의 법률 사상보다 더 포괄적인데, 법적 규범과 범죄를 다룰 뿐만 아니라 도덕 영역까지 망라한다.

대부분의 국가에서 가족법을 제외하고는 샤리아가 세속법으로 대체되었다. 20세기 말이 되자 일부 이슬람 국가의 사회단체와 정부에서 샤리아를 강조하기 시작했다. 현재는 전 세계에서 오직 두 나라만이 전적으로 샤리아에 기초해 통치한다.

# 종교에 대한 국가의 태도

(2018년 또는 이용 가능한 최신 자료)

- 모든 종교를 통제함
- 다수가 믿는 종교를 선호하고, 다른 종교는 간섭함
- 다수가 믿는 종교를 선호하나, 다른 모든 종교를 용인함
- 모든 종교를 용인함
- 자료 없음
- 법으로 국교가 지정됨

# 무슬림이 주류인 국가의 법률 체계

(2019년)

- 샤리아에 기반을 둔 이슬람법이 유일
- 이슬람법과 세속법의 혼합
- 이슬람법과 세속법의 공존
- 유동적
- 세속법이 유일

# 인권

국가는 국민을 대표해서 권한을 행사하고 국민을 보호해야 할 책임이 있다. 하지만 일부 국가에서는 국가가 시민과 맺은 사회 계약을 깨뜨리고 오히려 국민에게 가장 큰 위협이 되기도 한다.

신뢰할 만한 정보원에 따르면 50개 국가에서 초법적 처벌이 자행되고 있다.

다른 학대 행위와 마찬가지로 정부가 항상 이러한 조치를 승인하는 것은 아니며, 오히려 이러한 문제를 근절하고자 노력하고 있을 수도 있다. 하지만 국가 내부 세력들은 종종 자신들이 법 위에 있다고 생각한다. 또한 많은 나라에서 민병대, 갱단, 사설 경호원 같은 비국가 단체들도 잔혹한 학대 행위를 자행하고 있다.

# 극단적인 인권 침해

신뢰할 만한 출처에 기록되어 있는 최악의 학대 행위

(2017년, 2018년)

초법적 처벌 및 치명적 폭력

고문

임의적 체포 및 구금

경찰 및 교정 당국의 학대

난민, 망명 신청자 또는 이민자에 대한 폭력 및 학대

기록된 인권 침해 없음

이용 가능한 자료 없음

# 사법적 살인

## 사형 제도 현황

(2018년 12월 31일 현재,
미국은 2019년 기준)

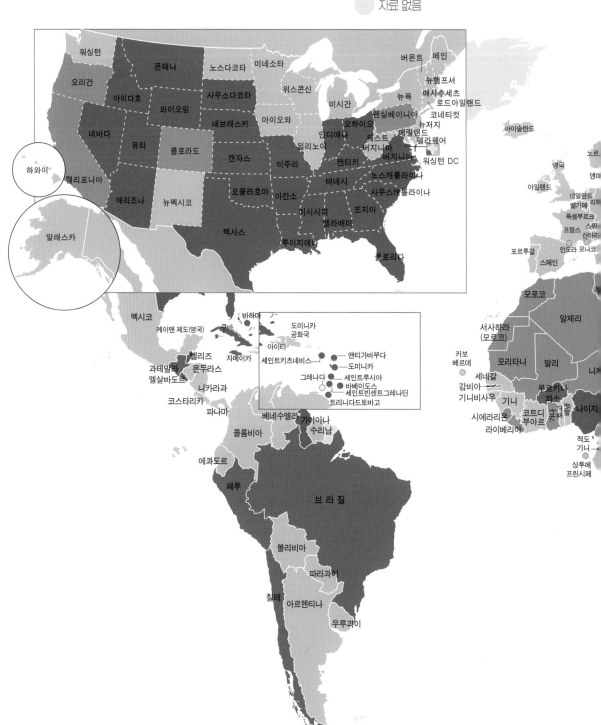

● 사형제 존속 국가
일반 범죄에 대한 사형 유지

● 일반 범죄에 대한 사형 폐지 국가
군법에 따른 범죄나 특수한 상황에서 일
어난 범죄 등 예외적인 범죄에 대해서만
사형 규정

● 실질적 사형 폐지 국가
살인과 같은 일반 범죄에 대해 사형제를 유지하고
있지만, 지난 10년 동안 사형이 집행되지 않았거나
사형 집행을 하지 않는 정책을 유지하거나 관행적
으로 사형을 금지

● 사형 폐지 국가
어떤 범죄에 대해서도 사형을 형벌로 규정하지 않음

● 자료 없음

인권에 대한 근본적인 신념은 모든 사람이 특별한 존재이며, 존중받을 자격이 있다는 것이다.

해당 국가의 법률에 의해서든, 불법적이고 자의적으로든 사람을 죽이는 행위는 사람에 대한 존중이 사라지고 있음을 드러낸다.

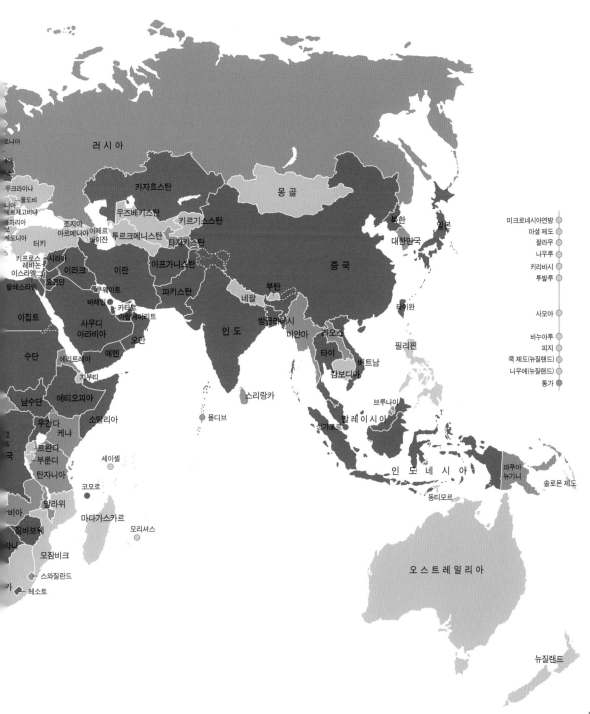

# 성매매

일부 국제 및 국내 성매매 경로에서
경찰이 파악한 피해자 수
(2014~2017년)

● 1,000명 초과　　● 301~1,000명　　● 151~300명

영국　덴마크
네덜란드　독일　폴란드
센트
프랑스　헝
스페인
이탈리아

미 국

멕시코

과테말라
엘살바도르　온두라스

도미니카공화국

나이지리아

사하라 이남 아프리카

볼리비아

아르헨티나
우루과이

## 온두라스에서 미국으로

14세의 미구엘(Miguel)은
두 남성에 의해 마약에
취해 미국으로 납치된 후
인신매매범에게 거래되어
성적 착취에 시달렸다.

## 미국

16세 소녀 테일러(Taylor)가
만났던 한 나이 든 남성은 곧
그녀에게 매춘을 강요했다.
17세가 된 그녀는 하루에
1,000달러 이상을 벌어야만
했으며, 또 다른 10대
소녀들을 유인해 강제로
매춘에 끌어들여야 했다.

## 루마니아에서 독일로

23세의 한 루마니아 여성은
'친구'에게 독일 남성과의
결혼을 제안받고 독일로
향했다. 하지만 기대했던
남편은 없었고, '친구'에게
빚을 지게 된 그녀는 매춘을
강요당했다. 현재 그녀는
NGO의 보호를 받고 있다.

## 프랑스

폴(Paul)은 돈이 필요할
때마다 아내인
애들레이드(Adelaide)에게
매춘을 하게 했다. 아내가
거부하자 폴은 그녀의
열쇠, 전화, 돈을 빼앗고
심리적 압박을 가해 매춘을
계속하도록 협박했다.

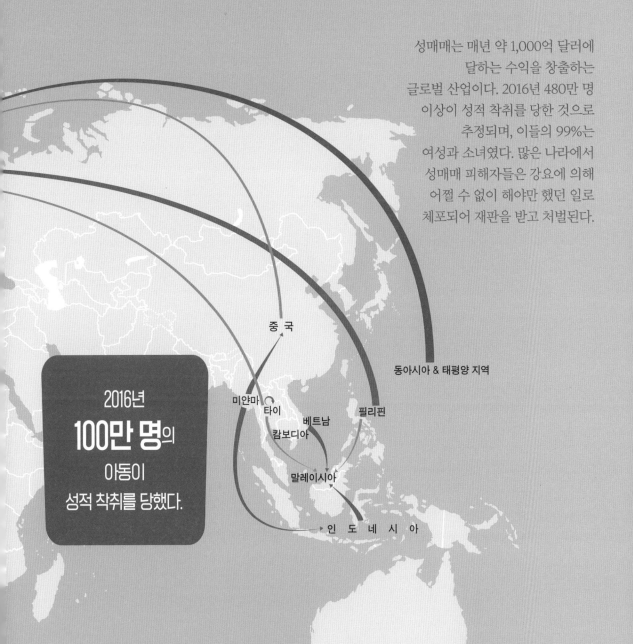

성매매는 매년 약 1,000억 달러에 달하는 수익을 창출하는 글로벌 산업이다. 2016년 480만 명 이상이 성적 착취를 당한 것으로 추정되며, 이들의 99%는 여성과 소녀였다. 많은 나라에서 성매매 피해자들은 강요에 의해 어쩔 수 없이 해야만 했던 일로 체포되어 재판을 받고 처벌된다.

중국

동아시아 & 태평양 지역

미얀마
타이
베트남
필리핀
캄보디아

2016년
**100만 명**의
아동이
성적 착취를 당했다.

말레이시아

인 도 네 시 아

## 나이지리아에서 이탈리아로

일자리를 약속받고 이탈리아로 떠난 페이스(Faith)는 도착하자마자 50,000달러의 빚을 갚아야 한다는 통보를 받았다. 위협 속에서 매춘을 강요받던 그녀는 가까스로 탈출했다.

## 시리아에서 레바논으로

레바논의 공장 일자리를 약속받고 분쟁이 한창이던 시리아를 탈출한 22세의 마야(Maya)는 다른 시리아 여성 70여 명과 함께 매춘을 강요받았다. 그녀는 극심한 신체적, 정신적 폭력의 피해자가 됐다.

## 캄보디아

빚에 시달리던 라이(Lai)의 어머니는 열두 살짜리 딸을 남자들에게 팔기 시작했다. 이러한 일은 라이가 도망쳐서 성매매 피해자들을 위한 안전한 보금자리 시설을 찾을 때까지 약 2년간 계속되었다.

# 아동 인권

아동 인권 존중에 대한 인식도
꾸준히 개선되고 있지만
계속되는 학대를 완화하는
수준에 그치고 있다. 아직도
수많은 아동이 출생 신고가 되지
않은 채로 살아가고 있는데,
이들은 인생을 시작하기도 전에
인권과 시민권을 박탈당한
셈이다.

# 미등록 아동

전체 출생아 중 미등록된 출생아의 비율
(2018년 또는 이용 가능한 최신 자료)

- ● 70% 이상
- ● 50%~69%
- ● 30%~49%
- ● 10%~29%
- ○ 9% 이하
- ○ 자료 없음

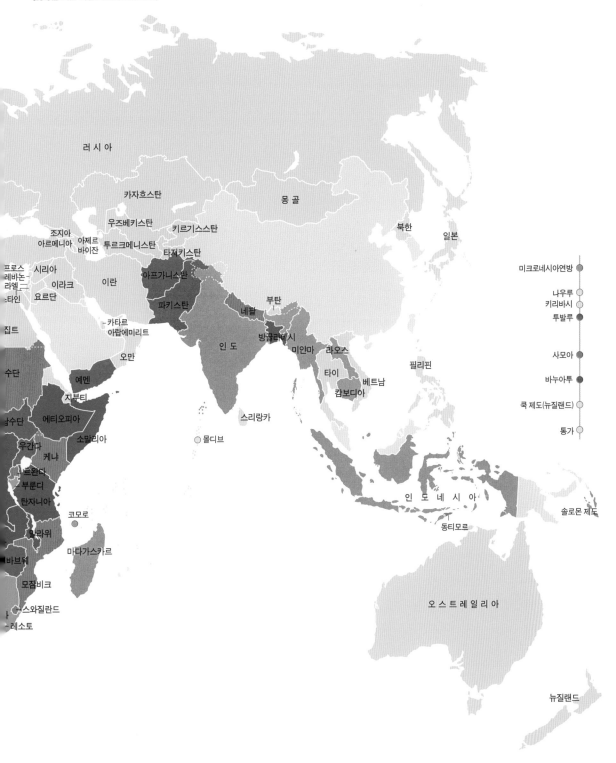

러 시 아

카자흐스탄

몽 골

우즈베키스탄

키르기스스탄

북한

일본

조지아
아르메니아
아제르
바이잔
투르크메니스탄

타지키스탄

프로스
레바논
라엘
:타인
시리아
이라크
이란
아프가니스탄

요르단
파키스탄
네팔
부탄

집트
카타르
아랍에미리트
미크로네시아연방

오만
인 도
방글라데시
미얀마
라오스

수단
예멘
타이
베트남
필리핀

지부티
캄보디아

나우루
키리바시
투발루

에티오피아
스리랑카

사모아

소말리아
몰디브
바누아투

우간다
쿡 제도(뉴질랜드)

르완다
케냐
통가

부룬디
탄자니아

코모로

말라위
인 도 네 시 아

바브웨
마다가스카르

솔로몬 제도

동티모르

모잠비크

스와질란드
레소토

오 스 트 레 일 리 아

뉴질랜드

# 일하는 아동

5~17세의 연령대 중 노동하는 아동의 비율
(2019년)

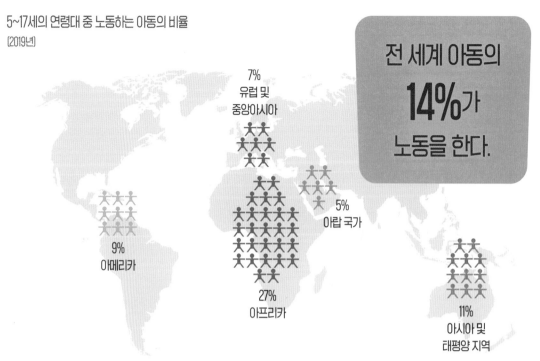

7%
유럽 및
중앙아시아

5%
아랍 국가

9%
아메리카

27%
아프리카

11%
아시아 및
태평양 지역

전 세계 아동의
**14%**가
노동을 한다.

아동 10명 중 1명꼴로 노동을 하고 있으며, 그중 절반은 신체에 심각한 손상을 입힐 수 있는 위험한 일을 하고 있다. 상황이 나아지고는 있지만, 호전되는 속도는 둔화됐다. 5~14세의 아동 노동자 중 3분의 1은 학교에 다니지 못한다.

# 위험에 처한 아동

위험한 작업 현장에 투입된 아동의 수

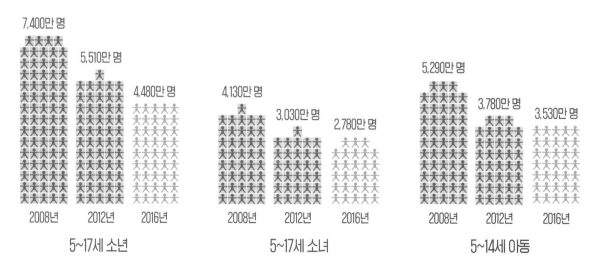

7,400만 명
5,510만 명
4,480만 명

2008년　2012년　2016년

5~17세 소년

4,130만 명
3,030만 명
2,780만 명

2008년　2012년　2016년

5~17세 소녀

5,290만 명
3,780만 명
3,530만 명

2008년　2012년　2016년

5~14세 아동

# 학교에 못 가는 아동

지역별 초등학교 취학 연령 아동 중 학교에 다니지 못하는 아동의 비율
(2017년)

● 학교에 다니는 아동 1%
● 학교에 다니지 못하는 아동 1%

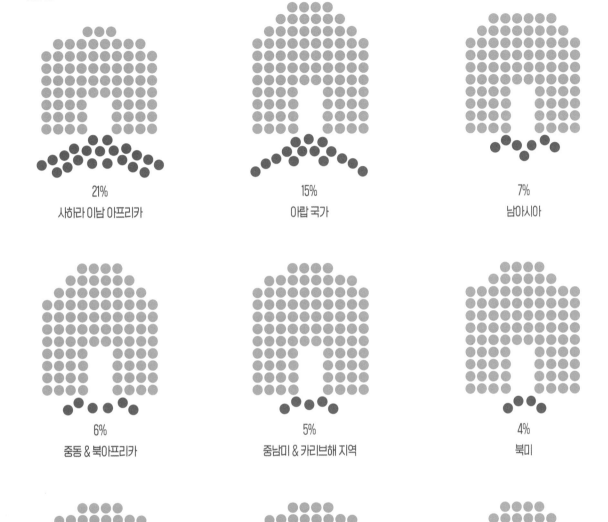

21%
사하라 이남 아프리카

15%
아랍 국가

7%
남아시아

6%
중동 & 북아프리카

5%
중남미 & 카리브해 지역

4%
북미

4%
동아시아 & 태평양 지역

3%
유럽 & 중앙아시아

9%
전 세계

초등학교 취학 연령대인 5~11세 아동의 약 10%인 6,300만 명 이상이 학교에 다니지 못하고 있다.

# 여성 인권

# 양성평등

성불평등지수(GII, Gender Inequality Index) 점수
(2017년)

71점 이상 가장 불평등　31~50점　4~10점 가장 평등
51~70점　11~30점　자료 없음

러 시 아

카자흐스탄

몽 골

우즈베키스탄
키르기스스탄

조지아
아르메니아　아제르
바이잔

타지키스탄

프로스
레바논
라엘
시리아
이라크
요르단
이란
아프가니스탄

쿠웨이트
바레인
카타르
사우디
아라비아
아랍에미리트
오만

수단

예멘

인 도

네팔

부탄

중 국

방글라데시
미얀마
라오스
타이
베트남
캄보디아

일본

대한민국

필리핀

에티오피아

우간다

케냐

부룬디
탄자니아

말라위

바브웨

모잠비크

스와질란드
레소토

스리랑카

몰디브

모리셔스

브루나이
말 레 이 시 아
싱가포르

인 도 네 시 아

피푸아
뉴기니

사모아

피지

통가

오 스 트 레 일 리 아

뉴질랜드

## 성 불평등 변화

(2005~2017년)

10점 이상 개선

불평등 악화

95

# 여성 의회 의원

## 의회 내 여성 의석 비율

(2017년 또는 이용 가능한 최신 자료)

1950년대에 민주주의
정부의 여성 수장은
없었다. 1960년대와
1970년대에도 여성
지도자는 드물었고,
1980년대와
1990년대에도 여전히
극소수였다.
'왜 그렇게 여성 지도자가
적은가?'라는 질문은
오늘날에도 여전히 유효하다.
대통령제에서 임명된 총리까지
포함해도 여성인 정부 수장이
있었던 민주주의 국가는 60여 개국에
불과하다.

### 지도 라벨 (북미·남미)

캐나다
미국
멕시코
바하마
쿠바
자메이카
아이티
도미니카공화국
벨리즈
과테말라
온두라스
엘살바도르
니카라과
코스타리카
파나마
콜롬비아
에콰도르
페루
볼리비아
칠레
파라과이
아르헨티나
우루과이
브라질
베네수엘라
가이아나
수리남

세인트키츠네비스
앤티가바부다
세인트빈센트그레나딘
도미니카
그레나다
세인트루시아
바베이도스
트리니다드토바고

### 지도 라벨 (유럽)

아이슬란드
노르웨이
스웨덴
핀란드
에스토니아
러시아
라트비아
리투아니아
아일랜드
영국
덴마크
러시아
네덜란드
독일
폴란드
벨라루스
벨기에
체코공화국
우크라이나
룩셈부르크 리히텐슈타인
슬로바키아
몰도바
프랑스
스위스
오스트리아
헝가리
루마니아
산마리노
슬로베니아
보스니아헤르체고비나
크로아티아
세르비아
안도라
모나코
몬테네그로
불가리아
알바니아
북마케도니아
이탈리아
그리스
포르투갈
스페인

### 지도 라벨 (아프리카)

모로코
알제리
카보베르데
모리타니
말리
니제르
세네갈
부르키나파소
나이지
감비아
기니비사우
기니
시에라리온
라이베리아
코트디부아르
적도 기니
상투메프린시페

# 여성 지도자

## 정부의 수장이 여성인 국가의 수

(1960~2019년)

1    2    3    4    0    5    2

1960년    1969년1970년    1974년    1978년    1980년    1985년    198

# 성 소수자(LGBTQ+) 인권

127개 국가
및 영역에서는
동성 간의 성적 행위
및 관계가 법적으로
허용되지만, 69개 국가에서는
불법이다. 성 소수자(LGBTQ+)가
처한 현실은 매우 다양하다.
동성애가 여성에게는 합법이지만
남성에겐 합법이 아닌 나라도 있고,
사회적 현실이 법보다 더 억압적인
나라도 있고, 반대로 더 자유로운
나라도 있다. 동성애가 불법인 곳에서
처벌의 정도가 다른 것처럼, 동성애가
합법화된 나라에서도 법적 권리의 허용
범위는 다양하게 나타난다.

# 법적 지위

동성 간의 성적 행위 및
관계에 관한 법적 지위
(2019년)

**불법으로 처벌:**
- 사형
- 10년 이상의 징역
- 10년 이하의 징역

**법적 권리 허용 범위:**
- 동성애는 합법이지만 동성 간 결합에 대한 법적 지위는 없음
- '시민 결합(civil union)' 또는 '생활동반자법(civil partnership)' 등의 제도로 동성 커플의 지위 인정
- 동성 커플의 결혼권 완전 허용
- 법적 지위 불분명
- 자료 없음

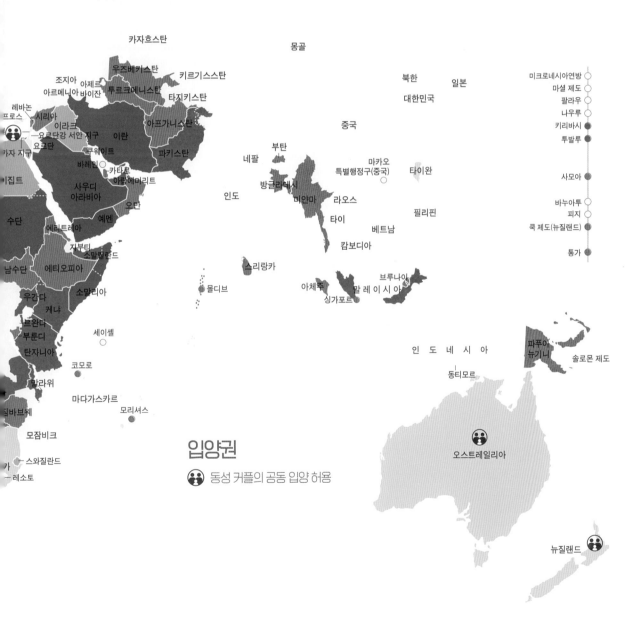

러시아

카자흐스탄

몽골

우즈베키스탄
키르기스스탄
조지아 아제르 투르크메니스탄
아르메니아 바이잔 타지키스탄
레바논
키프로스
시리아
이라크 이란 아프가니스탄
요르단강 서안 지구
요르단 쿠웨이트 파키스탄
가자 지구 바레인 카타르
이집트 이란에미리트
사우디
아라비아 오만
수단 예멘
에리트레아
지부티
소말릴란드
남수단 에티오피아
소말리아
우간다 케냐
르완다
부룬디 세이셸
탄자니아
코모로
말라위
마다가스카르
짐바브웨 모리셔스
모잠비크
카 스와질란드
레소토

북한 일본
대한민국

중국

네팔 부탄
마카오
특별행정구(중국) 타이완
방글라데시
인도 미얀마 라오스
타이 필리핀
베트남
캄보디아

브루나이
아체주 말레이시아
몰디브 싱가포르

스리랑카

미크로네시아연방
마셜 제도
팔라우
나우루
키리바시
투발루

사모아

바누아투
피지
쿡 제도(뉴질랜드)

통가

인도네시아
파푸아
뉴기니 솔로몬 제도
동티모르

오스트레일리아

뉴질랜드

## 입양권

- 동성 커플의 공동 입양 허용

99

# 동성애자와 양성애자의 군 복무 허용

(2019년)

레즈비언, 게이, 양성애자:

군 복무 가능    군 복무 불가능    자료 없음

동성애자와 양성애자의 군 복무 허용 여부는
동성애가 정상이라고 받아들여지는 정도 및 성적
선호와 관계없이 동등한 권리, 의무, 선택권을
가진 시민으로 대접받는 정도를 가늠할 수 있는
흥미로운 리트머스 시험지다.

# 소수자

러시아

러시아
벨라루스

우크라이나
몰도바

보스니아
헤르체고비나
세르비아

크로아티아

코소보

알바니아
북마케도니아
공화국

튀니지

모로코

알제리

멕시코

쿠바

도미니카
공화국

자메이카
아이티

과테말라
온두라스
엘살바도르
니카라과

베네수엘라
가이아나
수리남

콜롬비아

에콰도르

페루

볼리비아

파라과이

아르헨티나

모리타니

세네갈

감비아
기니비사우
기니

말리

니제르

부르키나
파소

시에라리온
라이베리아

코트디
부아르

나이지리아

카메룬

적도 기니
상투메
프린시페

가봉
콩고

국제 소수자 인권
그룹(Minority Rights
Group International)에서
만든 '위협에 처한 사람들
지수(The Peoples under Threat
Index)'는 집단 학살, 대량 살상
또는 조직적인 폭력 탄압의 위험에
직면한 나라들의 현실을 드러낸다.
이 지수는 OECD 국가 위험도 분류,
분쟁, 이전의 대량 학살 또는 정치적
살해, 도피, 집단 분열, 민주주의,
거버넌스 지수 등 다양한 지표에
기초한다.

# 위협에 처한 사람들

집단 학살 및 대량 살상 위험 지수
(2019년 점수)

● 20.0 이상 가장 높은 위험
● 15.0~19.9
● 10.0~14.9
○ 5.0~9.9
○ 5.0 미만 가장 낮은 위험
○ 자료 없음 또는
극히 낮은 위험

러 시 아

카자흐스탄

우즈베키스탄
키르기스스탄

조지아
아르메니아
아제르바이잔
투르크메니스탄
타지키스탄

터키
시리아
이라크
요르단
바논
스타인
질트

이란
아프가니스탄

파키스탄

바레인

사우디
아라비아

예멘

에리트레아
지부티

단

수단

에티오피아

우간다
케냐
소말리아

르완다
부룬디
탄자니아
세이셸

아
말라위
코모로

브웨
마다가스카르

모잠비크

스와질란드

몽 골

북한

중 국

부탄

네팔

인 도

방글라데시
미얀마

라오스
타이
베트남
캄보디아

스리랑카

몰디브

필리핀

피지

파푸아
뉴기니

솔로몬
제도

인 도 네 시 아

동티모르

# 자유

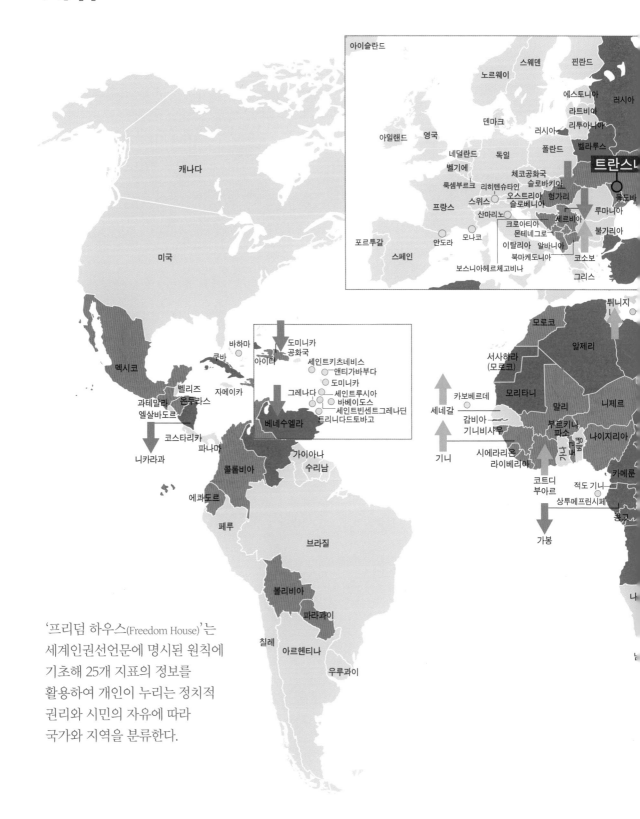

아이슬란드
스웨덴 핀란드
노르웨이
에스토니아
러시아
라트비아
덴마크 리투아니아
러시아
아일랜드 영국 벨라루스
네덜란드 폴란드
독일 **트란스니**
벨기에 체코공화국
룩셈부르크 리히텐슈타인 슬로바키아 몰도바
스위스 오스트리아 헝가리 루마니아
프랑스 슬로베니아
산마리노 세르비아 불가리아
크로아티아
몬테네그로 코소보
포르투갈 안도라 모나코 이탈리아 알바니아
스페인 북마케도니아
보스니아헤르체고비나 그리스

캐나다

미국

튀니지
모로코
알제리
서사하라
(모로코)
도미니카
공화국 모리타니
바하마 세인트키츠네비스 카보베르데 말리 니제르
쿠바 앤티가바부다 세네갈
아이티 도미니카 감비아 부르키나
멕시코 자메이카 그레나다 세인트루시아 기니비사우 파소 나이지리아
벨리즈 바베이도스 기니
과테말라 온두라스 세인트빈센트그레나딘 시에라리온
엘살바도르 베네수엘라 트리니다드토바고 라이베리아 카메룬
코스타리카 코트디 적도 기니
니카라과 파나마 부아르 상투메프린시페
콜롬비아 가이아나 가봉
에콰도르 수리남

페루
브라질

볼리비아
파라과이
'프리덤 하우스(Freedom House)'는
세계인권선언문에 명시된 원칙에 칠레
기초해 25개 지표의 정보를 아르헨티나
활용하여 개인이 누리는 정치적 우루과이
권리와 시민의 자유에 따라
국가와 지역을 분류한다.

# 세계의 자유

### 프리덤 하우스의 평가 등급
(2018년)

○ 자유 국가　● 부분적 자유 국가　● 비자유 국가

○ 분쟁 지역

남오세티야

나고르노-카라바흐

파키스탄령 카슈미르

인도령 카슈미르

러시아
카자흐스탄
몽골
우즈베키스탄
키르기스스탄
조지아
아르메니아
아제르바이잔
투르크메니스탄
타지키스탄
북한
일본
대한민국
시리아
이라크
이란
아프가니스탄
중국
레바논
요르단
쿠웨이트
바레인
파키스탄
네팔
부탄
타이완
홍콩 특별행정구(중국)
카타르
아랍에미리트
인도
방글라데시
라오스
필리핀
사우디
아라비아
오만
미얀마
베트남
에리트레아
예멘
캄보디아
브루나이
수단
소말릴란드
소말리아
타이
말 레 이 시 아
에티오피아
지부티
스리랑카
싱가포르
케냐
우간다
몰디브
르완다
부룬디
세이셸
인 도 네 시 아
파푸아
뉴기니
탄자니아
코모로
말라위
마다가스카르
모리셔스
동티모르
솔로몬
제도
짐바브웨
모잠비크
스와질란드
레소토

미크로네시아연방
마셜 제도
팔라우
나우루
키리바시
투발루
사모아
바누아투
피지
통가

## 시간적 변화

### 자유도 증감
(2008~2018년)

↑ 증가

↓ 감소

오스트레일리아

뉴질랜드

# 전쟁과 평화

어떤 전쟁이든 심각하지 않은 전쟁은 없다. 그렇긴 하지만, 1995년부터 2010년까지 매년 전쟁은 줄어들었고 덜 치명적이었다. 이는 1990년 냉전이 종식된 이후 핵 확산 위험을 줄이고 평화를 증진하기 위한 재원이 늘어나며 나타난 결과였다. 국제 협력이 강화되어 전쟁을 종식시키고, 평화협정 이행 여부를 감시하는 노력이 있었기에 가능했다.

하지만 이런 상황은 오래가지 않았다. 2010년 이후 국제 평화 활동과 새로운 평화협정 체결은 감소했고, 전쟁과 전쟁으로 인한 사상자 수는 급증했다.

군비 지출도 1999년부터 증가세를 보이기 시작해 세계 금융 위기로 주춤했던 2008~2009년을 제외하면 2012년까지 매년 증가했다. 2015년 이후 다시 증가세를 보인 세계 군비 지출 총액은 현재 냉전 종식 직전과 같은 수준까지 치솟았다. 코로나19 팬데믹의 경제적 영향으로 다시 군비 지출 증가 추세가 둔화될지는 아직 명확하게 알 수 없다.

세계에는 아직도 1만 3천여 개의 핵탄두가 있다. 단 한 국가만을 공격하는 것조차도 재앙이 되기 때문에 그 개수는 무의미해 보이지만, 냉전이 한

창일 때 6만 5천여 개의 핵탄두가 존재했던 상황을 상기하면, 핵탄두 감축은 진정한 성과임이 분명하다. 그러나 안타깝게도 각국의 추가 감축 의지가 얼마나 강한지는 불분명하다. 미국과 러시아 양국은 1987년에 맺은 중거리핵전력(INF) 조약을 서로 위반했다고 주장했다. 미국은 2018년에 이 조약을 폐기하겠다고 발표했고, 러시아도 이를 따랐다. 2019년과 2020년, 두 나라 모두 장거리 미사일과 폭격기를 제한하는 조약을 지속하겠다고 약속하지 않았다.

이 모든 것은 미국 대 중국, NATO(북대서양조약기구) 대 러시아와 같은 글로벌 수준의 경쟁뿐만 아니라 이란 대 사우디아라비아, 인도 대 파키스탄 같은 지역적 경쟁 모두에서 지정학적 독성이 점점 더 강해지고 있음을 반영한다. 그 독소는 무력 충돌을 종식하려는 국제 협력을 방해한다. 글로벌 갈등 관리 시스템이 1990년 이후 그 어느 때보다 취약해진 것도 이 때문이다. 실제로 각 국가가 긴밀하게 공조해야만 해결할 수 있는 글로벌 이슈들(기후 변화, 팬데믹, 사이버 공격의 위험 등)이 산적한 지금 이 순간에도 문제 해결을 위한 협력의 동기와 의욕은 부족한 상황이다.

# 21세기 전쟁

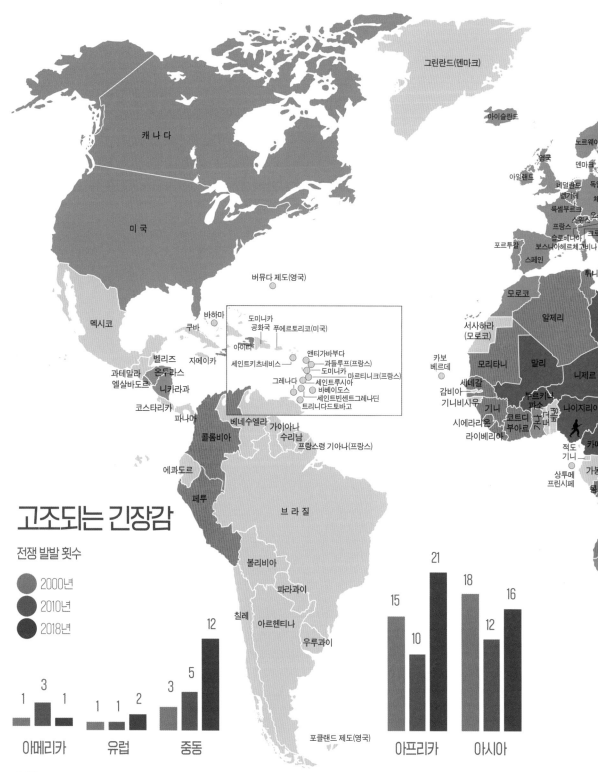

그린란드(덴마크)

아이슬란드

노르웨이

영국

덴마크

아일랜드

네덜란드 독일 체코

벨기에

룩셈부르크

프랑스 스위스 오스

포르투갈 슬로베니아 크로 몬

보스니아헤르체고비나

스페인

튀니지

모로코

알제리

서사하라
(모로코)

카보
베르데

모리타니 말리 니제르

세네갈

감비아 부르키나

기니비사우 파소

기니 나이지리아

시에라리온 코트디 꾸

라이베리아 부아르 적도
기니 카메

상투메 가봉
프린시페

캐 나 다

미 국

버뮤다 제도(영국)

멕시코

바하마

쿠바

아이티

도미니카
공화국 푸에르토리코(미국)

세인트키츠네비스

앤티가바부다

과들루프(프랑스)

도미니카
마르티니크(프랑스)

세인트루시아

그레나다 바베이도스

세인트빈센트그레나딘

트리니다드토바고

벨리즈

자메이카

과테말라

온두라스

엘살바도르

니카라과

코스타리카

파나마

베네수엘라 가이아나

콜롬비아 수리남

프랑스령 기아나(프랑스)

에콰도르

페루

브 라 질

볼리비아

파라과이

칠레

아르헨티나

우루과이

포클랜드 제도(영국)

## 고조되는 긴장감

전쟁 발발 횟수

2000년

2010년

2018년

아메리카 1 3 1

유럽 1 1 2

중동 3 5 12

아프리카 15 10 21

아시아 18 12 16

# 전쟁 중

## 정치적 목적을 위한 무력 충돌 발생 여부
(2000~2019년)

- ● 국경 내에서 무력 충돌이 발생한 적 있음
- ● 2019년 11월 2일 현재 국경 내 무력 충돌 발생 중
- 🏃 국경 밖에서 일어난 전쟁에 500명 이상의 군인을 파병함
- ● 국경 밖에서만 전쟁을 수행함
- ● 무력 충돌을 경험한 적 없음

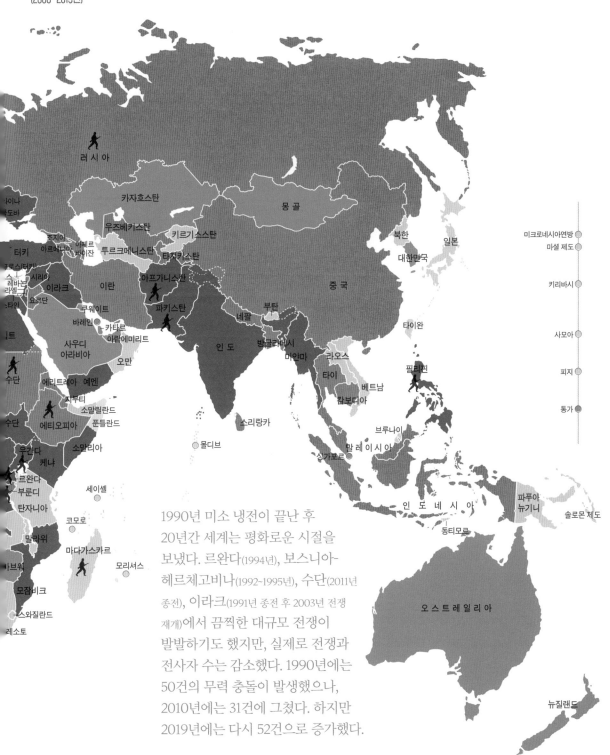

러시아
우크라이나
몰도바
조지아
아르메니아
터키
크로스(터키)
시리아
레바논
이스라엘
키프로스
요르단
이라크
이집트
수단
수단
에리트레아
지부티
소말릴란드
에티오피아
푼틀란드
우간다
케냐
르완다
부룬디
탄자니아
말라위
짐바브웨
모잠비크
스와질란드
레소토
세이셸
코모로
마다가스카르
모리셔스

카자흐스탄
우즈베키스탄
키르기스스탄
투르크메니스탄
타지키스탄
아프가니스탄
이란
파키스탄
쿠웨이트
바레인
카타르
아랍에미리트
사우디아라비아
오만
예멘
소말리아
몰디브
소말리아

몽골
북한
일본
대한민국
중국
부탄
네팔
인도
방글라데시
미얀마
라오스
타이
베트남
캄보디아
타이완
필리핀
브루나이
말레이시아
싱가포르
스리랑카
인도네시아
동티모르
파푸아뉴기니
솔로몬제도

미크로네시아연방 ●
마셜 제도 ●

키리바시 ●

사모아 ●

피지 ●

통가 ●

오스트레일리아

뉴질랜드

1990년 미소 냉전이 끝난 후 20년간 세계는 평화로운 시절을 보냈다. 르완다(1994년), 보스니아-헤르체고비나(1992~1995년), 수단(2011년 종전), 이라크(1991년 종전 후 2003년 전쟁 재개)에서 끔찍한 대규모 전쟁이 발발하기도 했지만, 실제로 전쟁과 전사자 수는 감소했다. 1990년에는 50건의 무력 충돌이 발생했으나, 2010년에는 31건에 그쳤다. 하지만 2019년에는 다시 52건으로 증가했다.

# 국경 밖에서의 전쟁

## 아프가니스탄

### 2001년 이후 어느 시점에라도 관여한 국가
(2018년 현재)

● 전쟁이 벌어진 지역
● NATO 회원국
● 기타 참전국

NATO 회원국: 알바니아, 벨기에, 불가리아, 캐나다, 크로아티아, 체코공화국, 덴마크, 에스토니아, 프랑스, 독일, 그리스, 헝가리, 아이슬란드, 이탈리아, 라트비아, 리투아니아, 룩셈부르크, 몬테네그로, 네덜란드, 노르웨이, 폴란드, 포르투갈, 루마니아, 슬로바키아, 슬로베니아, 스페인, 터키, 영국, 미국

기타 참전국: 아르메니아, 오스트레일리아, 오스트리아, 아제르바이잔, 바레인, 보스니아헤르체고비나, 엘살바도르, 핀란드, 조지아, 이란, 아일랜드, 요르단, 북마케도니아, 말레이시아, 몽골, 뉴질랜드, 파키스탄, 싱가포르, 대한민국, 스웨덴, 스위스, 통가, 우크라이나, 아랍에미리트

## 이라크

### 2003년 이후 어느 시점에라도 관여한 국가
(2018년 말 현재)

● 전쟁이 벌어진 지역
● 참전국

알바니아, 아르메니아, 오스트레일리아, 아제르바이잔, 바레인, 벨기에, 보스니아헤르체고비나, 불가리아, 캐나다, 체코공화국, 덴마크, 에스토니아, 프랑스, 조지아, 온두라스, 이탈리아, 요르단, 카자흐스탄, 라트비아, 리투아니아, 북마케도니아, 몰도바, 몽골, 네덜란드, 니카라과, 노르웨이, 필리핀, 폴란드, 포르투갈, 루마니아, 사우디아라비아, 슬로바키아, 대한민국, 스페인, 통가, 우크라이나, 아랍에미리트, 영국, 미국

# 콩고민주공화국

2000년, 2013년, 2017년에 관여한 국가

● 전쟁이 벌어진 지역

● 참전국

앙골라, 부룬디, 차드, 나미비아, 르완다, 수단, 우간다, 짐바브웨

# 소말리아

2007년 이후 어느 시점에라도 관여한 국가

● 전쟁이 벌어진 지역

● 참전국

부룬디, 지부티, 에티오피아, 가나, 케냐, 나이지리아, 시에라리온, 우간다, 미국

# 예멘

2011년 이후 어느 시점에라도 관여한 국가
(2018년 말 현재)

● 전쟁이 벌어진 지역

● 참전국

바레인, 이집트, 요르단, 쿠웨이트, 모로코, 카타르, 사우디아라비아, 수단, 아랍에미리트, 미국

# 군벌, 갱단, 민병대

아이슬란드

스웨덴
핀란드

노르웨이

에스토니아

러시아
라트비아

덴마크
러시아
리투아니아

아일랜드    영국
벨라루스

네덜란드
폴란드

독일
우크라이나

벨기에
체코공화국
슬로바키아

오스트리아
헝가리
루마니아
몰도바

프랑스    스위스
슬로베니아

크로아티아
보스니아헤르체고비나

몬테네그로
세르비아

이탈리아  알바니아  북마케도니아

포르투갈
코소보
불가리아

스페인

그리스

지브롤터

터키

바하마

쿠바

도미니카
공화국

아이티

자메이카

버진아일랜드(미국)
버진아일랜드(영국)

도미니카

그레나다

바베이도스

트리니다드토바고

튀니

모로코

알제리

서사하라
(모로코)

카보
베르데

모리타니

말리

니제르

멕시코

세네갈

감비아
기니비사우

기니

부르키나
파소

나이지리아

시에라리온

라이베리아

코트디
부아르

벨리즈

과테말라

엘살바도르
온두라스

니카라과

코스타리카

파나마

콜롬비아

적도
기니

카메룬

상투메
프린시페

가봉

콩고

베네수엘라
가이아나
수리남

에콰도르

페루

브라질

볼리비아

파라과이

칠레    아르헨티나

우루과이

포클랜드 제도(영국)

미국

캐나다

# 비국가 무장 세력

## 각국에 있는 비국가 무장 세력의 추정 병력
(2010~2019년 이용 가능한 최신 자료)

● 1만 명 이상
● 1만 명 미만
● 병력이 파악되지 않음
● 알려진 비국가 무장 세력이 없음
⚔ 비국가 무장 세력 간의 무력 충돌

러시아

카자흐스탄

몽골

우즈베키스탄

키르기스스탄

조지아
아르메니아
아제르바이잔

투르크메니스탄

타지키스탄

북한
대한민국

일본

곽(미국) ○

스(터키)
로스
레바논
스라엘

시리아

이라크

이란

아프가니스탄

중국

요르단

팔레스타인

쿠웨이트

바레인 ○
카타르
아랍에미리트

파키스탄

네팔

부탄

타이완

집트

사우디아라비아

오만

인도

방글라데시

미얀마

라오스

와리스 푸투나 제도(프랑스) ○
바누아투 ○
피지 ○
쿡 제도(뉴질랜드) ○

수단

에리트레아

예멘

지부티

타이

베트남

캄보디아

필리핀

프랑스령 폴리네시아(프랑스) ○

낭수단

에티오피아

소말릴란드

푼틀란드

스리랑카

브루나이

우간다

케냐

소말리아

르완다

부룬디

세이셸

말레이시아

싱가포르

탄자니아

인도네시아

파푸아뉴기니

솔로몬 제도

아

말라위

마다가스카르

코코스 제도

동티모르

바브웨

모잠비크

스와질란드
레소토

오스트레일리아

뉴질랜드

# 비국가 전쟁

무력 충돌은 국가 내 또는 국가 간에만 일어나는 것이
아니다. 현재 어느 국가와도 관련되지 않은
무력 충돌이 국가가 관여하는 무력 충돌보다
더 많이 발생하고 있다. 2019년 국가가 개입한
무력 충돌은 52건이었으나 그렇지 않은
무력 충돌은 80건에 달했다.

이와 함께 비국가 무장 세력의 확산도 두드러졌다.
무력 충돌 1건당 관련된 무장 단체 수가
1950년에는 8개였는데 2010년에는 14개로
증가한 것으로 추정된다. 하지만 그 수치조차도
현재 기준에 따르면 보수적으로 잡은 것이다.
2011년 이후 시리아에서 벌어진 전쟁에서 1천
개가 넘는 개별 무장 단체가 확인됐고, 같은 기간
리비아에서는 약 2천 개의 무장 단체가 확인됐다.

국가의 질서 유지 능력이 약한 곳, 약한 시기에 민간
군대의 힘과 비국가 전쟁의 위험이 커진다. 일부
국가의 일부 지역에서는 사실상 국가가 장기간 부재
상태에 있다. 전쟁과 부패 때문에 국가가 영토를
통제하는 데 필요한 장비를 구하고 병력을 훈련할
여력이 없기 때문이다.

많은 민병대가 전쟁이 끝난 후에도 오랫동안 활동을
계속하고 있다. 이러한 상황에서 지역 지도자들이
등장하여 종종 주요 경제 활동, 예를 들면 동부
콩고민주공화국에서의 소규모 채광이나 콜롬비아,
멕시코 및 중앙아시아에서의 마약 거래 같은 활동을
통제함으로써 자신의 이권을 챙긴다. 국가가 권위를
회복하려고 하면, 군인들은 절도, 강간, 기타 인권
유린으로 민간인을 위협하며 문제를 일으키기도 한다.

민병대가 앞장서고 있는 흔한 학대 중 하나는 강제로
싸울 아이들을 모집하는 것이다. 동원된 아이들이
행여 전쟁에서 살아남는다고 하더라도 그들의 삶에는
잔혹한 트라우마가 남는다.

**콜롬비아**
293명의 어린이가
투입됨

# 전장의 아이들

유엔이 확인한 비국가 무장 세력에 의해 전쟁에 동원된 아이들
(2018년)

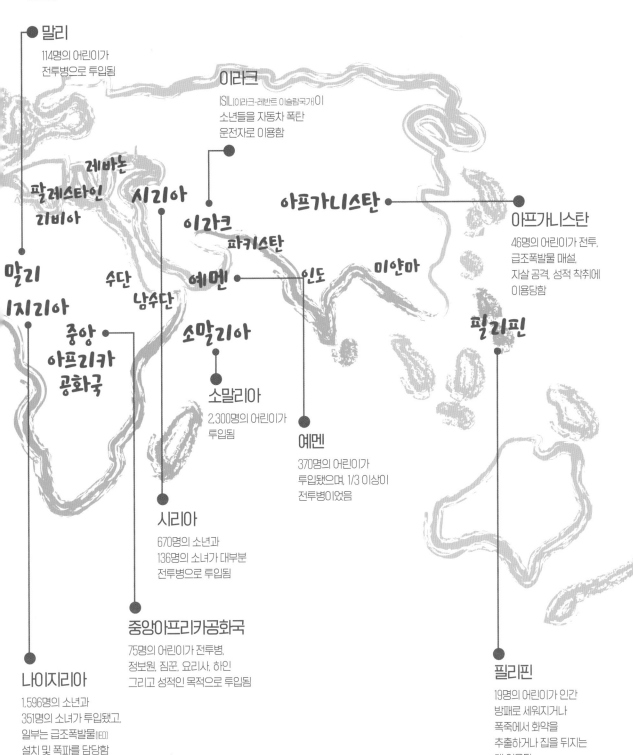

**말리**
114명의 어린이가
전투병으로 투입됨

**이라크**
ISIL(이라크·레반트 이슬람국가)이
소년들을 자동차 폭탄
운전자로 이용함

레바논

팔레스타인
리비아

시리아

이라크

파키스탄

아프가니스탄

**아프가니스탄**
46명의 어린이가 전투,
급조폭발물 매설,
자살 공격, 성적 착취에
이용당함

말리
나지리아

수단
남수단

예멘

인도

미얀마

중앙
아프리카
공화국

소말리아

**소말리아**
2,300명의 어린이가
투입됨

필리핀

**예멘**
370명의 어린이가
투입됐으며, 1/3 이상이
전투병이었음

**시리아**
670명의 소년과
136명의 소녀가 대부분
전투병으로 투입됨

**중앙아프리카공화국**
75명의 어린이가 전투병,
정보원, 짐꾼, 요리사, 하인
그리고 성적인 목적으로 투입됨

**나이지리아**
1,596명의 소년과
351명의 소녀가 투입됐고,
일부는 급조폭발물(IED)
설치 및 폭파를 담당함

**필리핀**
19명의 어린이가 인간
방패로 세워지거나
폭죽에서 화약을
추출하거나 집을 뒤지는
데 이용됨

# 군사력

아이슬란드

스웨덴　핀란드

노르웨이

에스토니아

라트비아　러시아

덴마크

리투아니아

아일랜드　영국　러시아

벨라루스

네덜란드　독일　폴란드

벨기에

우크라이나

룩셈부르크　체코공화국

슬로바키아

몰도바

프랑스　스위스　오스트리아　헝가리　루마니아

슬로베니아

보스니아헤르체고비나

크로아티아　세르비아

포르투갈

몬테네그로┐　불가리아

스페인

└코소보

이탈리아　알바니아　└북마케도니아

터키

그리스

캐나다

미국

튀니지

○몰타

멕시코

모로코

알제리

리비아

쿠바

도미니카공화국

카보베르데　모리타니　말리

○

니제르

차드

벨리즈　자메이카　아이티

온두라스

세네갈

과테말라

감비아┐

엘살바도르

기니비사우

부르키나

나이지리아

니카라과

기니

파소

코스타리카

시에라리온　코트디

카메룬

파나마

베네수엘라

라이베리아　부아르

트리니다드토바고

적도 기니┐

○

콜롬비아

가이아나

가봉

에콰도르

콩고

페루

브라질

앙골라

볼리비아

나미비아

파라과이

칠레　아르헨티나

우루과이

2019년

전 세계 군비 지출은

약 **1조 9천억**

**달러**였다.

# 군비 지출

GDP 대비 군비 지출 비율
(2019년 또는 이용 가능한 최신 자료)

- ● 4.0% 이상
- ● 3.0%~3.9%
- ● 2.0%~2.9%
- ● 1.0%~1.9%
- ○ 1.0% 미만
- ○ 자료 없음

러시아

카자흐스탄

몽골

일본

우즈베키스탄

키르기스스탄

조지아
아르메니아
아제르
바이잔

타지키스탄

대한민국

리아
이라크
르단

이란

아프가니스탄

중국

쿠웨이트

파키스탄

바레인
카타르
아랍에미리트

네팔

타이완

사우디
아라비아

오만

인도

방글라데시

라오스

필리핀

피지

예멘

타이

베트남

캄보디아

에티오피아

스리랑카

브루나이

아
케냐
다
디
니아

말 레 이 시 아

싱가포르

세이셸

인 도 네 시 아

파푸아
뉴기니

콰위

동티모르

마다가스카르
모리셔스

비크

질란드

오스트레일리아

뉴질랜드

# 군비 지출 상위 국가

**2018년 불변 가격 기준(미국 달러)**

 2001년  2009년  2019년

2019년 전 세계 군비 지출은 2조 달러 정도로, 1988년 이래로 가장 높았지만 지출 규모는 수년간 변동을 거듭했다. 연간 총계는 2008~2009년 글로벌 경제 및 금융 위기의 여파로 2011년부터

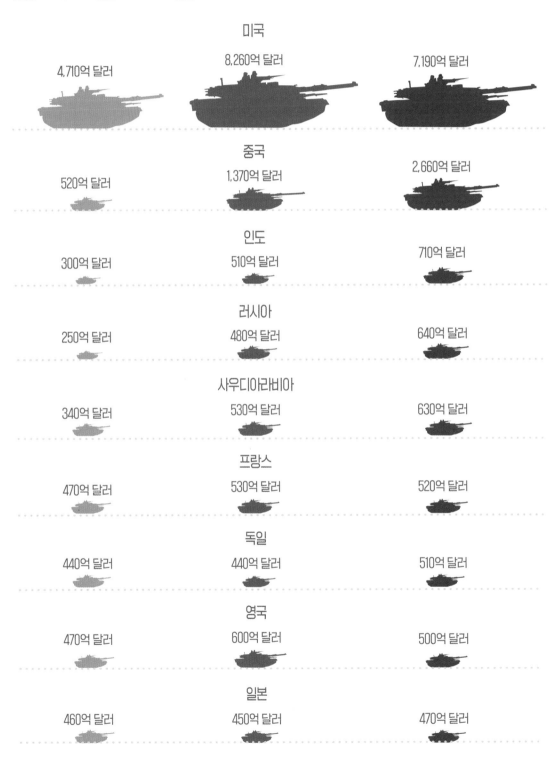

### 미국
4,710억 달러  8,260억 달러  7,190억 달러

### 중국
520억 달러  1,370억 달러  2,660억 달러

### 인도
300억 달러  510억 달러  710억 달러

### 러시아
250억 달러  480억 달러  640억 달러

### 사우디아라비아
340억 달러  530억 달러  630억 달러

### 프랑스
470억 달러  530억 달러  520억 달러

### 독일
440억 달러  440억 달러  510억 달러

### 영국
470억 달러  600억 달러  500억 달러

### 일본
460억 달러  450억 달러  470억 달러

2014년까지 감소했다. 2015년부터는 군비 지출이 꾸준히 증가했다. 코로나19 팬데믹이 미칠 경제적 영향을 고려하면, 2019년은 군비 지출이 최고조에 달했던 해가 될지도 모른다.

모든 정부 지출과 마찬가지로 군비 지출 규모는 자원을 어디에 사용할 것인가에 대한 우선순위 및 선택 사항을 반영한다. 군비 지출 증가가 반드시 실질적인 안보 강화는 고사하고, 군사력 증강을 의미하는 것은 아니다.

# 군 병력 상위 10개국

최대 규모의 정규군

(2020년)

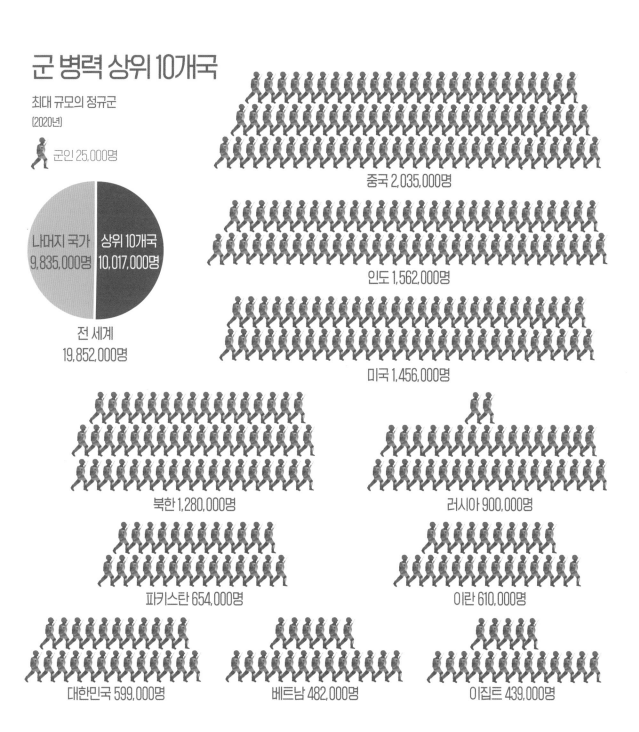

군인 25,000명

나머지 국가 9,835,000명 상위 10개국 10,017,000명

전 세계 19,852,000명

중국 2,035,000명

인도 1,562,000명

미국 1,456,000명

북한 1,280,000명

러시아 900,000명

파키스탄 654,000명

이란 610,000명

대한민국 599,000명

베트남 482,000명

이집트 439,000명

# 대량 살상

## 핵탄두 비축량 감소

(1985~2019년)

■— 미국　■— 소련

2019년 전 세계 핵 비축량은 폭탄과 탄두 13,850개에 달했다. 이는 냉전이 한창이던 1980년대 중반의 비축량 65,000~70,000개에 비하면 극적으로 감소한 수치다. 오늘날 미국과 러시아에 비축된 핵무기의 3분의 2는 저장고에 보관 중이거나 해체를 기다리고 있는 비활성 상태다.

## 원자력 사고

공식적 또는 비공식적으로 보고된 사건

(1950~2000년)

영국의 책임
미국의 책임
소련의 책임

핵무기와 핵폐기물 관련 사고들이 다수 기록됨: 우발적 또는 무단 발사, 핵폭발, 비핵 폭발 또는 핵무기나 방사능 성분의 연소, 방사능 오염, 도난, 우발적 폐기, 공공 위험, 핵 공격 허위 경보 등

| 발생 장소 | 연도 |
|---|---|
| 캐나다 브리티시컬럼비아주 | 1950년 |
| 미국 뉴멕시코주 | |
| 미국 오하이오주 | |
| 미국 캘리포니아주 | |
| 캐나다 퀘벡주 | |
| 미국 앨라스카주 | 1952년 |
| 지중해 | 1956년 |
| 영국 | |
| 미국 뉴멕시코주 | 1957년 |
| 미국 뉴멕시코주 | |
| 미국 플로리다주 | |
| 대서양 | |
| 미국 플로리다주 | 1958년 |
| 미국 조지아주 인근 해외 기지 | |
| 영국 그린햄 커먼 | |
| 미국 조지아주 인근 | |
| 미국 조지아주 | |
| 미국 텍사스주 | |
| 미국 루이지애나주 | |
| 미국 사우스캐롤라이나주 | |
| 소련 우랄 | |
| 불특정 태평양 기지 | 1959년 |
| 미국 루이지애나주 | |
| 미국 워싱턴주 | |
| 미국 켄터키주 | |
| 미국 플로리다주 | |
| 미국 뉴저지주 | 1960년 |
| 미국 유타주 | |
| 미국 노스캐롤라이나주 | 1961년 |
| 미국 캘리포니아주 | |
| 북해 | |

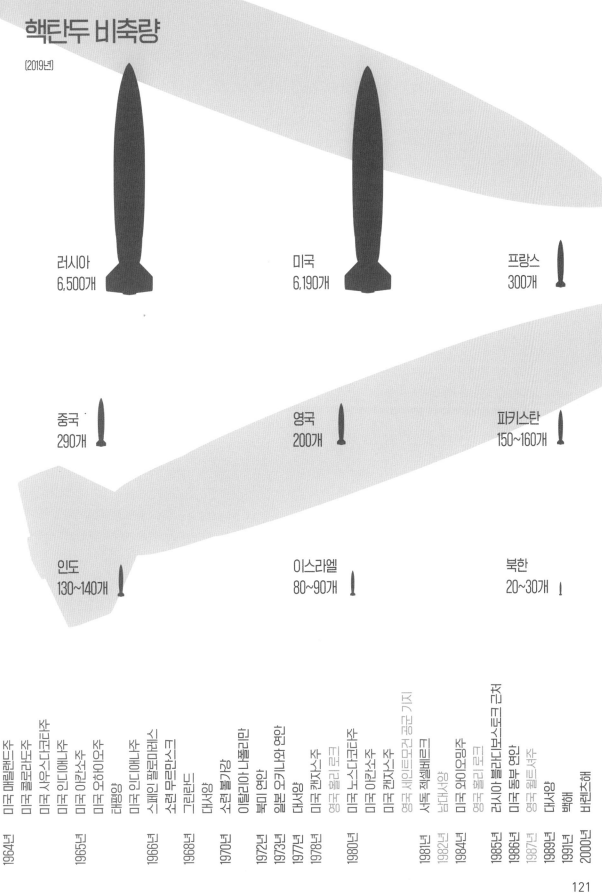

# 핵탄두 비축량

(2019년)

러시아
6,500개

미국
6,190개

프랑스
300개

중국
290개

영국
200개

파키스탄
150~160개

인도
130~140개

이스라엘
80~90개

북한
20~30개

| 1964년 | 미국 메릴랜드주 |
| | 미국 콜로라도주 |
| | 미국 사우스다코타주 |
| | 미국 인디애나주 |
| 1965년 | 미국 아칸소주 |
| | 미국 오하이오주 |
| | 태평양 |
| | 미국 인디애나주 |
| 1966년 | 스페인 팔로마레스 |
| | 소련 무르만스크 |
| 1968년 | 그린란드 |
| | 대서양 |
| 1970년 | 소련 볼가강 |
| 1972년 | 이탈리아 니촐리만 |
| | 북미 연안 |
| 1973년 | 일본 오키나와 연안 |
| 1977년 | 대서양 |
| 1978년 | 미국 캔자스주 |
| | 영국 쿨리 로드 |
| 1980년 | 미국 누스다코타주 |
| | 미국 아칸소주 |
| | 미국 캔자스주 |
| 1981년 | 영국 세인트모건 공군 기지 |
| 1982년 | 사우 제셀베르크 |
| | 남대서양 |
| 1984년 | 미국 와이오밍주 |
| | 영국 쿨리 로드 |
| 1985년 | 러시아 블라디보스토크 근처 |
| 1986년 | 미국 동부 연안 |
| 1987년 | 영국 월드서장 |
| 1989년 | 대서양 |
| 1991년 | 백해 |
| 2000년 | 바렌츠해 |

# 시리아의 화학 무기

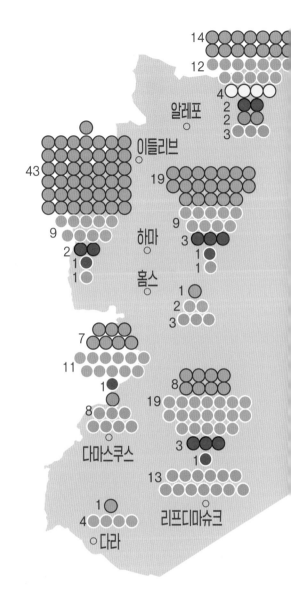

| 2012년 | 7월: 시리아 외무부는 시리아가 화학 무기를 보유하고 있음을 인정함. |
| --- | --- |
| 2012년 | 12월: 시리아에서 화학 무기를 사용했다는 혐의. |
| 2013년 | 3월: 화학 무기 사용 혐의. 유엔은 WHO(세계보건기구) 및 OPCW(화학무기금지기구)와 협력해 조사한 결과를 발표함. |
| 2013년 | 4월: 화학 무기 사용 혐의 2건. |
| 2013년 | 8월: 화학 무기 사용 혐의. 유엔 수사관들이 시리아에서 저격수의 공격을 받음. |
| 2013년 | 9월: 미국과 러시아가 시리아 화학 무기의 회계, 검사, 통제 및 제거 계획에 합의함. 시리아는 OPCW에 화학 무기 비축 신고서를 제출함. |
| 2013년 | 10월: 시리아에 비축된 화학 무기를 파괴하기 시작함. 화학 무기를 혼합하고 생산하기 위한 모든 시설이 파괴되거나 작동 불능 상태가 됨. |
| 2013년 | 11월: OPCW가 선박을 활용해 시리아의 화학 무기를 폐기하는 계획을 승인함. |
| 2014년 | 1~4월: 화학 무기 80%, 화학 약품 92% 제거. |
| 2014년 | 4월: 화학 무기 사용 혐의. |
| 2014년 | 6월: OPCW는 초기 공격에서 염소가스가 사용된 것을 확인함. |
| 2014년 | 6월: OPCW는 시리아에서 모든 화학 무기를 제거한다고 발표함. |
| 2014년 | 9월: OPCW는 염소가스가 사용된 것을 확인함. |
| 2015년 | 3월: 유엔 안전보장이사회는 시리아 내전에서 염소를 무기로 사용하는 것을 규탄하는 결의안을 채택하고, 화학 무기를 계속 사용할 경우 유엔 헌장 7장에 따라 제재 조치를 가하기로 결의함. |
| 2015년 | 4월: 화학 무기 사용 혐의. |

9만 명의 사망자를 포함해 130만 명의 사상자를 낸 제1차 세계 대전 이후로 전쟁에서 화학 약품을 사용하는 것은 드문 일이었다. 1960년대에 이집트군이 예멘에서 화학 약품을 사용한 것으로 추정되며, 1980년대에 이라크가 이란군과 쿠르드족 민간인을 상대로 화학 약품을 사용했다. 1990년대 일본에서는 테러에 이용됐고, 2006년과 2018년에는 영국에서, 2017년에는 말레이시아에서 정치적 암살에 화학 약품이 이용되기도 했다. 그리고 2012년부터 시리아에서도 사용되어 왔다. 화학 약품의 생산, 비축 및 사용은 1997년에 발효된 화학무기금지협약에 의해 금지되어 있다.

| 2016년 | 8월: 화학 무기 사용 혐의. |
|---|---|
| 2016년 | 8월: OPCW는 2014년 4월과 2015년 3월의 화학 무기 공격에 대한 책임은 시리아 정부에 있고, 2015년 8월의 유황 겨자탄 사용에 대한 책임은 이슬람국가(IS)에 있음을 규명함. |
| 2016년 | 9월: 화학 무기 사용 혐의. |
| 2016년 | 10월: OPCW는 2015년 3월의 염소가스 사용에 대한 책임은 시리아 정권에 있음을 규명함. |
| 2016년 | 12월: 화학 무기 사용 혐의. |
| 2017년 | 4월: 화학 무기 사용 혐의. 미국은 화학 무기 공격이 시작된 것으로 보이는 시리아 공군 기지를 공격하기 위해 토마호크 크루즈 미사일을 사용함. |
| 2017년 | 4월: OPCW는 사린이 사용된 것을 확인함. |
| 2017년 | 6월: OPCW는 2017년 4월의 공격은 시리아 정권에 책임이 있고, 2016년 9월의 유황 겨자탄 사용에 대한 책임은 이슬람국가(IS)에 있음을 규명함. |
| 2018년 | 2월: 화학 무기 사용 혐의. |
| 2018년 | 4월: 화학 무기 사용 혐의. |
| 2018년 | 5월: OPCW는 2018년 2월에 화학 무기가 사용되었을 가능성이 있음을 발견함. |
| 2018년 | 6월: OPCW는 2017년 3월에 사린이 두 차례 사용되었을 가능성이 매우 크다고 밝힘. |
| 2018년 | 9월: 유엔이 설치한 '시리아 아랍 공화국에 대한 독립적인 국제 조사위원회'는 시리아 정부가 2018년 1~7월에 염소를 무기로 사용했음을 규명함. |
| 2019년 | 3월: OPCW는 2018년 4월에 화학 무기가 사용되었다고 보고함. |

# 시리아에서의 화학 공격

시리아 각 주에서 발생한 사고 건수
(2019년 1월 23일 현재)

가해자: IS가 알레포와 알 하사카에서 겨자 가스를 방출한 것을 제외하고는 모두 아사드(Assad) 정권이 감행

○ 완전히 확인된 사건
  전문적인 국제기구의 조사 및 확인을 거쳤거나 최소한 3개 이상의 신뢰도 높은 개별적 출처를 통해 확인됨.

○ 확인된 사건
  최소 2개 이상의 신뢰도 높은 출처 또는 3개 이상의 보완적인 출처를 통해 확인됨.

● 염소

● 사린(신경가스계 독가스의 하나)

○ 겨자 가스 / 유황 겨자탄

○ 알 수 없음

# 전쟁 사상자

## 21세기의 사망자 수

폭력적인 충돌로 인한 사망자 추정치
(2000~2018년)
이라크, 예멘, 시리아, 팔레스타인/이스라엘은
2019년 사망자도 포함

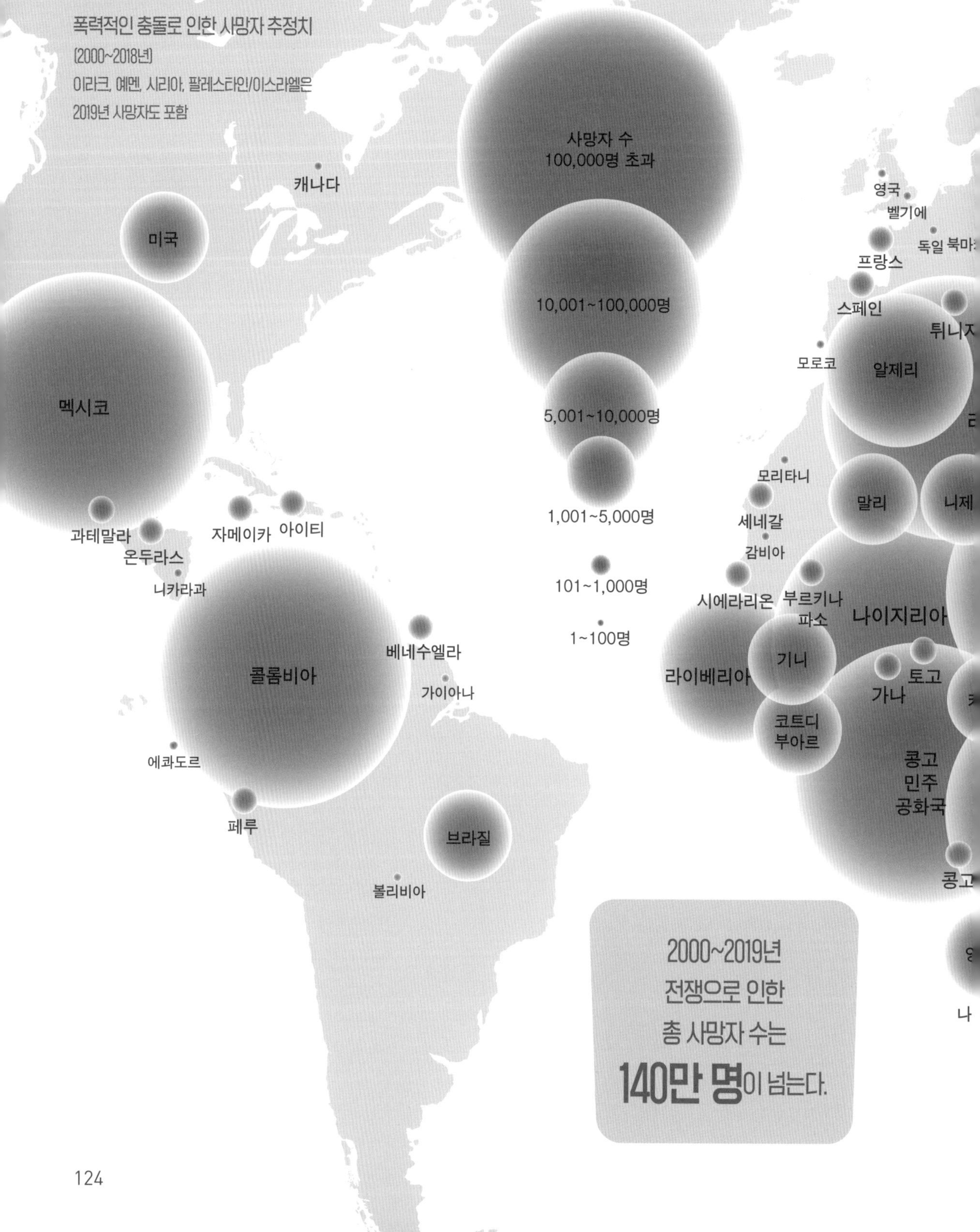

캐나다

미국

사망자 수
100,000명 초과

영국
벨기에
독일 북마
프랑스
스페인
튀니지
모로코
알제리

멕시코

10,001~100,000명

5,001~10,000명

모리타니
말리
니제

세네갈
감비아
1,001~5,000명

과테말라
자메이카 아이티
온두라스
니카라과

101~1,000명

시에라리온 부르키나
파소
나이지리아

1~100명

기니
토고
가나

베네수엘라
가이아나
라이베리아

콜롬비아

코트디
부아르

에콰도르

콩고
민주
공화국

페루

브라질

콩고

볼리비아

2000~2019년
전쟁으로 인한
총 사망자 수는
**140만 명**이 넘는다.

나

124

러시아

아프가니스탄

우크라이나

키

시리아

레바논

렐 &
타인

요르단

트

수단

단

앙
리카
학국

우즈베키스탄          키르기스스스탄

조지아
          아제르바이잔     타지키스탄
아르메니아

이라크

이란

파키스탄          네팔

중국

사우디
아라비아
에리트레아      쿠웨이트
          바레인
          아랍에미리트
지부티
          예멘

라오스

에티오피아

인도

방글라데시
          미얀마          캄보디아   필리핀
          말레이시아

타이

우간다

케냐

르완다

탄자니아
부룬디

소말리아

스리랑카

파푸아
뉴기니

인도네시아

마다가스카르

잠비아
모잠비크
브웨

카

오스트레일리아

# 사망자 수 증가

전쟁 사망자 수 통계는 여러 이유로 신뢰도가
낮다. 사망자 수치가 각 당사국의 경쟁적인 선전
목적으로 과장되거나 축소될 뿐 아니라, 전쟁
중에 정확한 정보를 수집하기가 매우 복잡하고
위험하기 때문이다. 전투 중 사망한 군인이나

민간인은 비교적 잘 파악할 수 있지만, 상하수도
시스템 파괴로 인한 질병 확산, 병원 폭격으로
인해 부상이나 질병을 치료하지 못해 발생한
사망자 등 간접적인 영향으로 사망한 사람들의
수를 정확히 파악하는 것은 거의 불가능하다.

## 지역별 사망자

무력 충돌로 발생한
전사자 추정치

10,000명 (2000~2010년)

10,000명 (2011~2018/2019년)

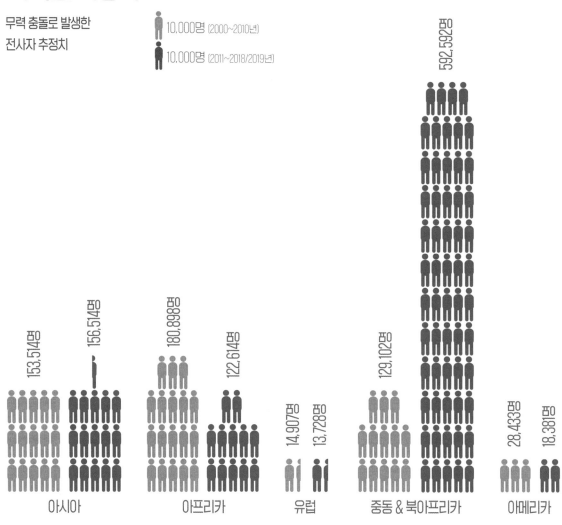

| 아시아 | 아프리카 | 유럽 | 중동 & 북아프리카 | 아메리카 |

153,514명 / 156,514명 / 180,898명 / 122,614명 / 14,907명 / 13,728명 / 129,102명 / 592,592명 / 28,433명 / 18,381명

그렇지만 대강의 사망자 수는 추정할 수 있는데, 특히 큰 그림을 그려 보면 좀 더 믿을 만한 추정치를 산정할 수 있다. 중동과 북아프리카에서는 21세기에 전쟁과 폭력이 난무했다. 첫 10년(2000~2010년) 동안 이 지역의 가장 큰 사망 요인은 2003년 미국이 일으킨 이라크 전쟁이었고, 두 번째 10년 동안의 가장 큰 사망 요인은 시리아 전쟁이었다. 한편 아프리카의 여러 나라에서는 무력 충돌이 계속되고 있지만 두 번째 10년 동안 발생한 사망자 수는 첫 번째 10년에 비해 3분의 1로 감소했다.

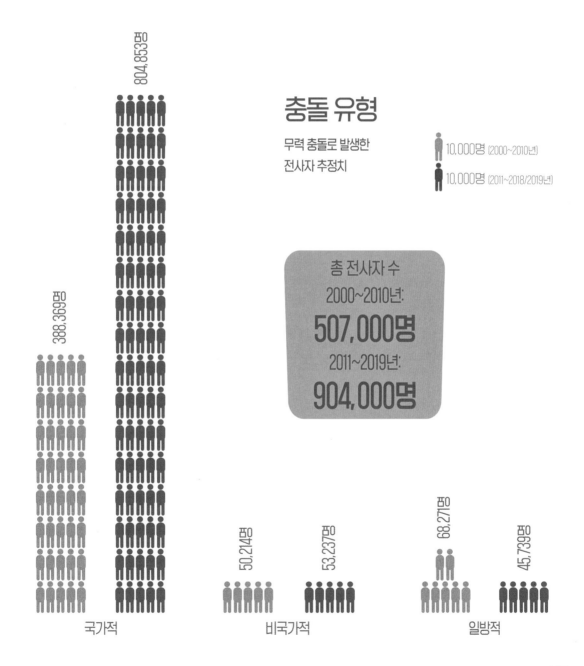

## 충돌 유형

무력 충돌로 발생한
전사자 추정치

10,000명 (2000~2010년)
10,000명 (2011~2018/2019년)

총 전사자 수
2000~2010년:
507,000명
2011~2019년:
904,000명

804,853명

388,369명

50,214명

53,237명

68,271명

45,739명

국가적

비국가적

일방적

# 테러

아이슬란드

그린란드(덴마크)

아일랜드

영국

네덜란드

벨기에

프랑스

스위스

포르투갈

스페인

노르웨이

스웨덴

핀란드

에스토니아

러시아

라트비아

리투아니아

덴마크

러시아

독일

폴란드

벨라루스

체코공화국

슬로바키아

우크라이나

오스트리아

헝가리

루마니아

몰도바

슬로베니아

보스니아헤르체고비나

크로아티아

세르비아

몬테네그로

코소보

불가리아

이탈리아

알바니아

북마케도니아

그리스

터키

캐나다

미국

멕시코

바하마

쿠바

자메이카

도미니카공화국

벨리즈

아이티

과테말라

온두라스

엘살바도르

니카라과

코스타리카

그레나다

파나마

베네수엘라

트리니다드토바고

콜롬비아

가이아나

수리남

에콰도르

페루

브라질

볼리비아

파라과이

칠레

아르헨티나

우루과이

튀니지

모로코

알제리

서사하라
(모로코)

모리타니

말리

니제르

세네갈

부르키나

감비아

파소

나이지리아

기니비사우

기니

중

시에라리온

코트디

부아르

카메룬

라이베리아

적도 기니

가봉

콩고

나

2009~2018년
**84,000건**의
테러 사건이 발생했다:
21%는 무장 공격,
52%는 폭격

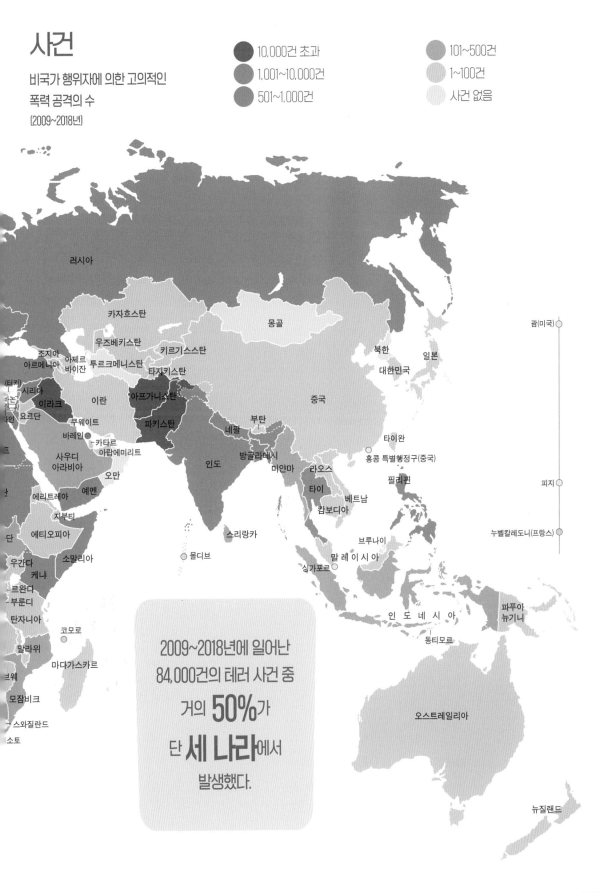

# 사건

비국가 행위자에 의한 고의적인
폭력 공격의 수

(2009~2018년)

- ⬤ 10,000건 초과
- ⬤ 1,001~10,000건
- ⬤ 501~1,000건
- ⬤ 101~500건
- ⬤ 1~100건
- ⬤ 사건 없음

러시아

카자흐스탄

몽골

우즈베키스탄

키르기스스탄

조지아
아르메니아

아제르
바이잔

투르크메니스탄

타지키스탄

북한

일본

대한민국

(터키)
시리아

이란

아프가니스탄

중국

이라크

쿠웨이트

파키스탄

네팔

부탄

타이완

바레인

카타르
아랍에미리트

인도

방글라데시

미얀마

라오스

홍콩 특별행정구(중국)

사우디
아라비아

오만

미얀마

타이

베트남

필리핀

에리트레아

예멘

캄보디아

지부티

스리랑카

브루나이

에티오피아

소말리아

몰디브

말 레 이 시 아

싱가포르

괌(미국)

우간다

케냐

르완다
부룬디

탄자니아

코모로

인 도 네 시 아

피지

파푸아
뉴기니

말라위

마다가스카르

동티모르

누벨칼레도니(프랑스)

요르단

레바논

크웨

모잠비크

스와질란드

소토

오스트레일리아

뉴질랜드

2009~2018년에 일어난
84,000건의 테러 사건 중
거의 **50%**가
단 **세 나라**에서
발생했다.

# 난민

아이슬란드

스웨덴
노르웨이
핀란드
에스토니아
러시아
라트비아
덴마크
리투아니아
아일랜드 영국 러시아
벨라루스
네덜란드 독일 폴란드
벨기에 우크라이나
체코공화국
룩셈부르크 슬로바키아 몰도바
오스트리아 헝가리 루마니아
프랑스 스위스 슬로베니아
보스니아헤르체고비나
크로아티아 세르비아
몬테네그로 불가리아
포르투갈 코소보
스페인 이탈리아 알바니아 북마케도니아공화국
그리스
터키

튀니지

캐나다

모로코
알제리
바하마
서사하라
미국 (모로코)

도미니카공화국
모리타니 말리
멕시코 아이티 앤티가바부다 세네갈 니제르
쿠바 감비아
그레나다 기니비사우 부르키나
자메이카 파소 나이지리아
벨리즈 바베이도스 기니
과테말라 온두라스 트리니다드토바고 시에라리온 코트디
엘살바도르 니카라과 라이베리아 부아르
카메룬
코스타리카 적도 기니
파나마 베네수엘라 가이아나 가봉
수리남 콩고
콜롬비아 프랑스령 기아나(프랑스)

에콰도르

페루

## 팔레스타인 난민: 550만 명

요르단: 220만 명
가자지구: 140만 명
요르단강 서안지구: 85만 명
시리아: 56만 명
레바논: 48만 명
팔레스타인 난민 : UNRWA(유엔 팔레스타인
난민구호기구)에 난민으로 등록된 사람만 포함

브라질

볼리비아

## 베네수엘라 난민

파라과이
국내 상황이 악화되어
해외로 떠난 베네수엘라 국민은
260만 명에 달하지만, 2018년 말 칠레
현재 그들이 거주하고 있는 국가에
망명을 신청하지는 않았다. 아르헨티나

우루과이

## 주요 난민
## 인구의 분산

👤100,000명

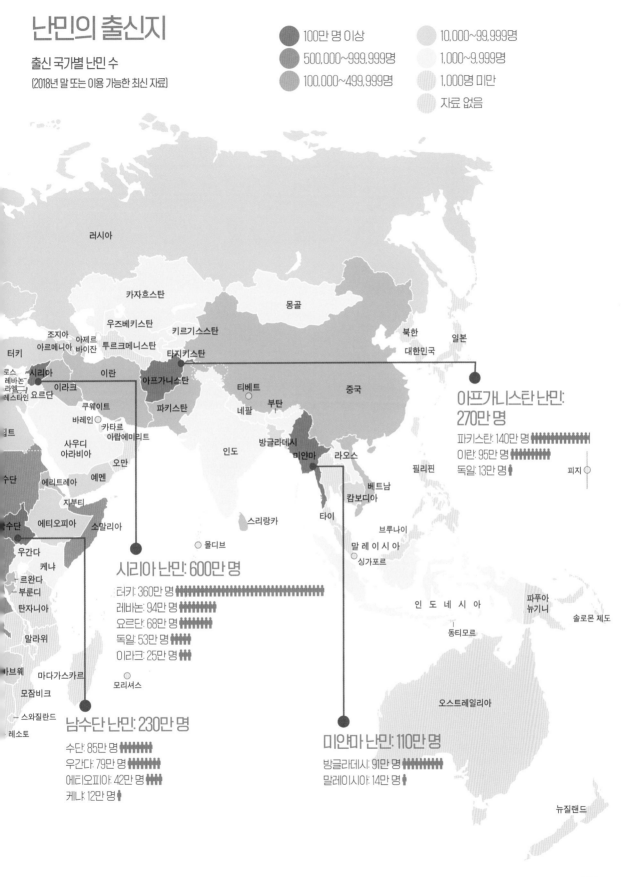

# 난민의 출신지

## 출신 국가별 난민 수

(2018년 말 또는 이용 가능한 최신 자료)

- 100만 명 이상
- 500,000~999,999명
- 100,000~499,999명
- 10,000~99,999명
- 1,000~9,999명
- 1,000명 미만
- 자료 없음

러시아

카자흐스탄

몽골

우즈베키스탄
키르기스스탄

북한
일본

조지아
아르메니아
아제르
바이잔
투르크메니스탄
타지키스탄

터키

로스
레바논
라엘
레스타인
시리아
이라크
요르단
이란
아프가니스탄
파키스탄
티베트
네팔
부탄
중국

대한민국

**아프가니스탄 난민:
270만 명**

파키스탄: 140만 명 ♦♦♦♦♦♦♦♦♦♦♦♦♦♦
이란: 95만 명 ♦♦♦♦♦♦♦♦♦
독일: 13만 명 ♦

피지 ○

쿠웨이트
바레인 ○
카타르
아랍에미리트

사우디
아라비아
오만
예멘

인도

방글라데시
미얀마
라오스

필리핀

수단
에리트레아
지부티

에티오피아
소말리아

스리랑카

타이

베트남
캄보디아

브루나이

말 레 이 시 아
싱가포르

우간다
케냐

몰디브 ○

**시리아 난민: 600만 명**

터키: 360만 명 ♦♦♦♦♦♦♦♦♦♦♦♦♦♦♦♦♦♦♦♦♦♦♦♦♦♦♦♦♦♦♦♦♦♦♦♦
레바논: 94만 명 ♦♦♦♦♦♦♦♦♦
요르단: 68만 명 ♦♦♦♦♦♦
독일: 53만 명 ♦♦♦♦♦
이라크: 25만 명 ♦♦♦

인 도 네 시 아

파푸아
뉴기니

솔로몬 제도

동티모르

르완다
부룬디
탄자니아

말라위

브웨
마다가스카르
모리셔스 ○

모잠비크

스와질란드
레소토

**남수단 난민: 230만 명**

수단: 85만 명 ♦♦♦♦♦♦♦♦
우간다: 79만 명 ♦♦♦♦♦♦♦♦
에티오피아: 42만 명 ♦♦♦♦
케냐: 12만 명 ♦

오스트레일리아

**미얀마 난민: 110만 명**

방글라데시: 91만 명 ♦♦♦♦♦♦♦♦♦
말레이시아: 14만 명 ♦

뉴질랜드

# 난민의 목적지

## 망명 국가별 난민 수

(2018년 말 또는 이용 가능한 최신 자료)

100만 명 이상

500,000~999,999명

100,000~499,999명

10,000~99,999명

1,000~9,999명

1,000명 미만

자료 없음

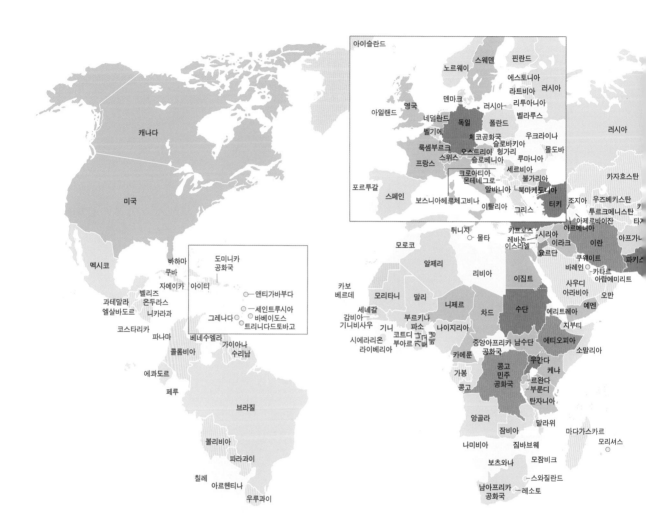

2019년 7,100만 명의 강제 실향민이 발생했다. 이는 역대 최고 수치이며 일평균 37,000명씩 증가하고 있다.

난민들 중 다수는 망명지에서 태어난 난민 2세대 또는 3세대이다. 대부분이 처음 도착했던 피난처에서 쫓겨나 새로운 곳으로 떠나야 했던 이중(twice-over) 난민이다.

# 국내 실향민

분쟁 및 폭력으로 인해 발생한 국내 실향민 수

(2018년 말 또는 이용 가능한 최신 자료)

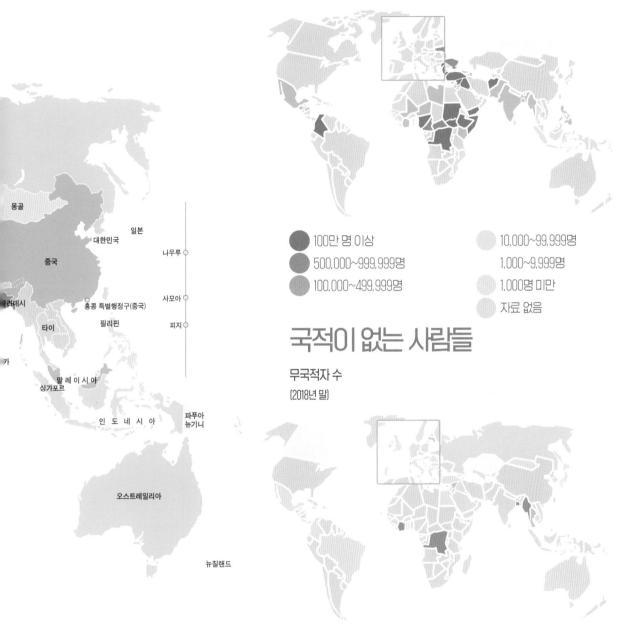

- ● 100만 명 이상
- ● 500,000~999,999명
- ● 100,000~499,999명
- ● 10,000~99,999명
- 1,000~9,999명
- 1,000명 미만
- 자료 없음

몽골

중국

대한민국

일본

나우루

방글라데시

타이

홍콩 특별행정구(중국)

필리핀

사모아

피지

스리랑카

말 레 이 시 아

싱가포르

인 도 네 시 아

파푸아
뉴기니

오스트레일리아

뉴질랜드

# 국적이 없는 사람들

무국적자 수

(2018년 말)

대부분의 난민들은 인근 국가로 피난을 떠나지만, 일부는 경제적으로 더 발전한 나라에서 더 나은 미래를 열기 위해 더 멀고 위험한 여정을 감행한다.

많은 난민들이 어려움을 겪고 있음에도, 1951년에 채택된 난민 협약에 따라 그들을 보호할 법적 책임이 있는 나라에서조차 난민들은 전혀 환영받지 못하고 있다.

# 평화 유지

폭력의 비용
... 그것은
무엇에 사용될 수 있었나

폭력으로 인해
매년 전 세계적으로
**8조 3천억 달러**의
비용이 발생한다.

폭력의 비용으로 다음 모두를
충당할 수 있다.

2030년까지
유엔의 개발목표 달성에
필요한 **4조 달러**

2035년까지 친환경적 그린에너지
개발에 필요한 **2조 4천억 달러**

2030년까지 자연재해 복구에
필요한 **1조 1천억 달러**

러시아
아일랜드
영국
러시아
독일
우크라이나
몰도바
룩셈부르크
보스니아
헤르체고비나
프랑스
슬로베니아
세르비아
크로아티아
코소보
포르투갈
북마케도니아
스페인
터키

모로

멕시코

세네갈
기니비사우
기니
아이티
시에라리온
코트
부C
라이베리아

과테말라
온두라스
엘살바도르
니카라과
코스타리카
베네수엘라
콜롬비아
에콰도르
페루

아르헨티나

# 1990년 이후의 평화협정

**다자간 협정**
(1990~2019년)

**최소 한 가지 이상의 협정이 체결됨**

- 1990년대, 2000년대, 2010년대
- 1990년대, 2000년대
- 1990년대, 2010년대
- 2000년대, 2010년대
- 1990년대
- 2000년대
- 2010년대
- 자료 없음

러시아

카자흐스탄

몽골

북한

대한민국

키르기스스탄

타지키스탄

조지아
아르메니아 아제르
바이잔

아프가니스탄

중국

시리아
레바논
이스라엘
팔레스타인 요르단
이라크

파키스탄

네팔

방글라데시

사우디
아라비아

인도

미얀마

필리핀

리비아

수단

예멘

에리트레아

지부티
소말릴란드

캄보디아

차드

중앙아프리카
공화국

남수단

에티오피아

소말리아

소말리아

소말리아

스리랑카

콩고
민주
공화국

우간다

케냐

르완다
부룬디
탄자니아

인 도 네 시 아

파푸아
뉴기니

솔로몬
제도

앙골라

잠비아

코모로

동티모르

나미비아

짐바브웨

마다가스카르

모잠비크

남아프리카
공화국

레소토

**1990년 이후
내전 종식을 위해 체결된
국제적 평화협정의 수:**
## 206건

**폭력이 없는
두 번째 해에,
세계는…**

2030년까지 기후 변화 대응에 필요한
인도적 지원 비용에 해당하는 **2천억 달러**

# 평화 유지 동향

유엔의 한 연구에 따르면 냉전 종식 후 처음 12년여 동안, 지난 200년간 체결된 평화협정의 수만큼 많은 평화협정이 체결됐다.

미국과 소련의 대립이 종식되면서 유엔이 더 많은 일을 할 수 있게 됐고, 평화 유지 활동 건수도 증가했다.

## 유엔의 평화 유지 활동

**수행한 임무의 수**
(1950~2019년)

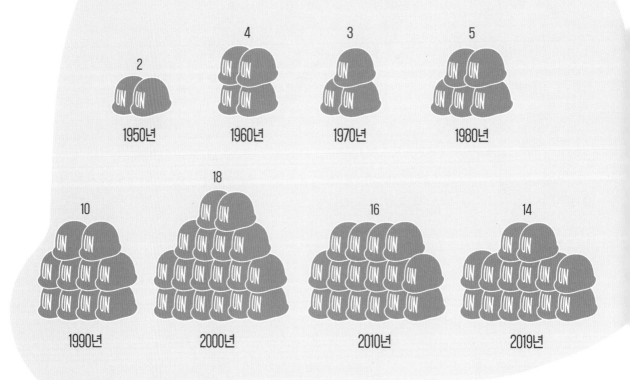

# 평화 유지 활동

(2009년 12월)

● 임무 수행 중인 국가

임무 수행 기구:

● 국제연합(UN)
● 아프리카연합(AU)
● 서아프리카경제공동체(ECOWAS)
● 유럽연합(EU)
● 북대서양조약기구(NATO)

보스니아
헤르체고비나
코소보
우크라이나
조지아
키프로스
레바논
시리아
이스라엘
이라크
팔레스타인
아프가니스탄
파키스탄
서사하라
(모로코)
리비아
인도
말리
니제르
수단
예멘
감비아
기니비사우
콜롬비아
중앙아프리카공화국
콩고민주공화국
남수단
소말리아
부룬디

평화 유지 활동은 2000년대 중반을 정점으로
정체되었고, 아직 명확한 수치가 나오지는
않았지만 차츰 줄어들고 있는 것으로 보인다.

이는 몇몇 평화 유지 임무가 성공적으로
완수되었다는 증거이기도 하지만, 경제가
어려워지면서 선진국들이 평화 유지 활동에 대한
지원을 줄이고 있다는 신호일 수도 있다.

# 평화를 위한 병력

 군인 1,000명       군사 감시단 1,000명

경찰 1,000명      국제 군무원 1,000명

아이슬란드

그린란드(덴마크)

노르웨이     스웨덴     핀란드

에스토니아     러시아

라트비아

덴마크     리투아니아

러시아

아일랜드     영국     네덜란드     독일     폴란드     벨라루스

벨기에     체코공화국     우크라이나

슬로바키아

프랑스     오스트리아     헝가리     루마니아     몰도바

스위스     슬로베니아

크로아티아     보스니아헤르체고비나

포르투갈     몬테네그로     세르비아     불가리아

스페인     이탈리아     알바니아     코소보

북마케도니아

그리스     터키

캐나다

미국

버뮤다 제도(영국)

바하마

멕시코     자메이카     도미니카공화국

아이티

과테말라     온두라스     도미니카

엘살바도르     니카라과     바베이도스

트리니다드토바고

파나마     베네수엘라

콜롬비아     수리남

에콰도르

페루

브라질

서사하라
(모로코)

모리
세네갈
감비아
기니비사우
시에라리온
라이베리

볼리비아

파라과이

칠레     아르헨티나

우루과이

## 1948~2019년
유엔 평화유지군 중
**3,890명이**
**사망**했다.

군인 71,830명

# 평화에의 기여

유엔 평화 유지 활동에 참여한 군경의 수
(2019년 10월)

 5,000명 이상
1,000~4,999명

 500~999명
1~499명

 없음

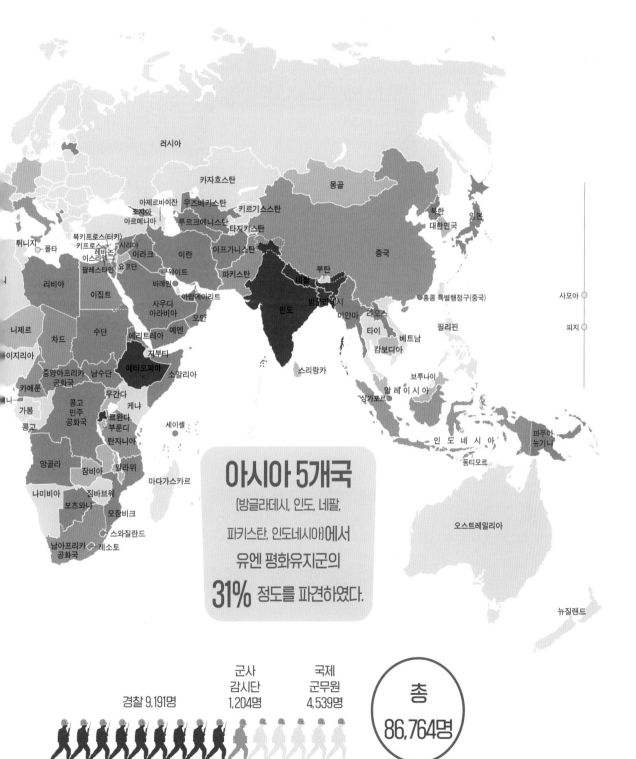

**아시아 5개국**

(방글라데시, 인도, 네팔, 파키스탄, 인도네시아)에서 유엔 평화유지군의 **31%** 정도를 파견하였다.

경찰 9,191명

군사 감시단 1,204명

국제 군무원 4,539명

총 86,764명

# 새로운 최전선

## 사이버 전쟁

### 특정 사건

**글로벌 사이버 공격, 2011년:** 현재까지 보고된 가장 큰 규모의 사이버 공격으로, 다음을 포함한 72개 조직을 강타했다.
- 캐나다, 인도, 대한민국, 타이완, 베트남, 미국 정부
- 유엔 제네바 사무국
- 동남아시아국가연합(ASEAN)
- 국제올림픽위원회(IOC) 및 세계반도핑기구(WADA)
- 방위산업체 및 첨단 기술 업체

**전 세계, 캐피털 원(Capital One), 2019년:** 신용카드 회사 캐피털 원은 해커가 카드 신청자의 은행 계좌 번호 등이 포함된 1억 건의 신용카드 신청서 데이터에 접근했다고 밝혔다.

**전 세계, 플레이스테이션(Play Station), 2011년:** 플레이스테이션 네트워크가 해킹되어 8천만 명 이상의 사용자 개인 정보가 유출됐다.

**전 세계, 워너크라이(WannaCry), 2017년:** 파일을 잠그고 비트코인으로 몸값을 요구하는 워너크라이 랜섬웨어가 150개국을 공격했다. 러시아, 우크라이나, 인도, 타이완이 가장 큰 피해를 보았고, 영국의 국민보건서비스(NHS), 독일의 철도회사 및 아르헨티나, 포르투갈, 스페인의 통신 회사들도 큰 타격을 입었다.

**전 세계, 야후(Yahoo), 2013년:** 지금까지 알려진 사이버 해킹의 가장 큰 파장: 야후에 대한 해킹 공격으로 30억 명의 개인 기록이 손상됐다.

**미국 해군, 2018년 6월:** 중국 정부 해커들이 미 해군 협력업체의 네트워크를 손상시켜 미국 잠수함 개발을 위한 무기, 센서, 통신 시스템과 관련된 614GB의 데이터를 훔쳤다.

**미국, 의회 선거, 2018년:** 미국 사이버 사령부는 2016년 미국 대통령 선거 당시 허위 정보 작전에 연루된 것으로 알려진 러시아 기업 '인터넷 리서치 에이전시(The Internet Research Agency)'의 인터넷 접속을 차단했다.

**미국, 소니(Sony), 2014년:** 북한의 소행으로 추정되는 사이버 해킹으로 소니의 이메일과 직원 파일이 온라인에 유출됐다.

**미국, 사이버 사령부, 2010년:** 4성 장군이 지휘하는 새로운 미군 사령부가 창설됐다. 최초 3만 명의 병력이 투입됐고, 2020년에는 6만 명으로 늘었다.

**미국, 2009년:** 구글 등 45개 미국 기업에 대한 해킹 공격이 중국 정부에 의한 것이었음이 처음으로 판명됐다.

**영국, 이지젯(Easyjet) 항공사, 2020년 5월:** 중국 해커들이 영국 항공사 이지젯을 이용한 9백만 고객의 여행 기록에 접근했다.

**에스토니아, 2007년:** 러시아에서 시작된 일련의 '디도스(DDoS, 분산 서비스 거부)' 공격으로 정부 부처의 업무에 차질이 생기고 응급 서비스에 대한 접근이 차단됐다.

**코펜하겐, 낫페트야(NotPetya), 2017년:** 전 세계 화물 운송의 18%를 담당하는 해운회사 머스크(Maersk)는 76개 항구와 800척의 선박을 일시적으로 폐쇄하게 한 '낫페트야' 악성 코드의 주요 표적이 됐다. 이듬해 영국과 미국은 낫페트야 공격의 배후로 러시아를 공식 지목했다.

**브뤼셀, 유럽연합, 2018년:** 유럽연합은 중국이 수년 동안 유럽연합 통신망에 접근해 왔다는 점을 인정했다.

**영국, 런던, 2012년:** 영국의 정보국장은 적대적인 사이버 공격으로 약 13억 5천만 달러의 손실을 입은 익명의 한 영국 대기업을 언급하면서 사이버 공격의 위험성을 경고했다.

**조지아, 2008년:** 러시아-조지아 전쟁이 발발함에 따라 러시아 민족주의자들이 조지아에 디도스 공격을 가했다. 정부 웹사이트에 과도한 트래픽을 일으켜 웹사이트를 마비시켰다.

**에어버스(Airbus), 유럽, 2012년:** 항공우주 및 방위사업체인 에어버스와 독일 철강회사 티센크루프(Thyssenkrupp)가 중국 해커의 대규모 공격을 당한 기록이 있다.

**미군, 중동, 2008년:** 중동에 있는 한 미군 기지의 화장실에 자기복제를 하며 전파되는 악성 프로그램인 웜(worm)이 들어 있는 메모리 스틱이 의도적으로 방치돼 있었다. 적어도 한 명 이상의 군인이 규정을 위반하고 군용 노트북에 메모리 스틱을 삽입했다. 미 중앙 사령부가 감염됐고, 복구에 14개월이 걸렸다.

**이집트, 2019년:** 언론인, 학자, 변호사, 인권 운동가, 야당 정치인에 대한 사이버 공격이 발생했는데, 이집트 정부가 자행한 것으로 추정된다.

**시리아, 2007년:** 미 공군 소프트웨어가 시리아의 방공망을 무력화하여 시리아는 이스라엘의 공습에 무방비 상태였다.

**사우디아라비아, 2012년:** 이란의 샤문(Shamoon) 바이러스가 사우디아람코(Saudi Aramco) 석유회사를 공격해 수천 대의 컴퓨터와 하드 드라이브를 종료해 버리고, 화면에 미국 국기를 태우는 이미지를 남겼다. 2016년에도 이 공격이 반복됐다.

**홍콩, 2019년 6월:** 암호화된 메시징 서비스인 텔레그램에 대한 디도스 공격으로 홍콩 시위대 간의 통신이 중단됐다.

**우크라이나, 2016년:** 국영 전력회사에 대한 사이버 공격이 이뤄져 키이우 북부에서 30분 동안 전기 공급이 차단됐다.

**서방 첩보기관(Western Intelligence), 2018년:** 러시아의 인터넷 검색회사 얀덱스(Yandex)가 오스트레일리아, 캐나다, 뉴질랜드, 영국, 미국 등 5개국의 기밀정보 동맹체인 파이브 아이즈(Five Eyes)에서 사용하는 것으로 알려진 소프트웨어를 이용해 해킹했다.

**이란, 2019년:** 이란의 해커가 2013~2017년 전 세계 170개 이상의 대학을 표적으로 삼아 34억 달러 상당의 지적 재산을 훔쳤다는 의혹이 제기됐다.

**이란, 2010년:** 미국과 이스라엘이 설계한 스턱스넷(Stuxnet) 바이러스가 이란 정부의 컴퓨터 3만 대와 이란의 농축 원심 분리기의 1/4을 무력화시켰다.

**이란, 2012년:** 이스라엘이 개발한 플레임(Flame) 바이러스가 이란의 하드 드라이브를 파괴하고 석유 생산을 강제로 중단시켰다.

**가상 기동 훈련, 2011년, 2012년:** 미국과 중국 관료들이 공동으로 사이버 전쟁 훈련을 진행했다.

**한국군, 2016년:** 한국과 미국이 북한 해커의 공격에 대비하여 비상 계획을 세웠다.

**한국, 서울, 2013년:** 주요 은행과 방송사의 컴퓨터 네트워크에 침투해 저장된 데이터를 삭제하도록 설계된 바이러스의 공격이 있었다. 한미 합동 군사 훈련 중에 발생한 사이버 공격으로 북한은 국제적인 비난을 받았다.

**화웨이(Huawei), 2019년:** 중국의 통신 대기업 화웨이는 미국 정부가 자신들의 비즈니스 운영을 방해하기 위해 내부 정보 시스템을 해킹했다고 비난했다.

**중국, 2019년:** 중국의 국가 전산망 비상 대응 기술팀은 미국발 사이버 공격이 너무 많이 발생해, 마치 전면적인 대중국 사이버 전쟁이 벌어지고 있는 듯하다고 주장했다.

**중국, 2010년:** 중국 정부는 약 50만 건의 사이버 공격을 당했으며, 그중 15%는 미국에서, 8%는 인도에서, 약 25%는 중국이 아닌 다른 지역에서 비롯됐다고 주장했다.

# 3D 프린팅

일반적으로 3D 프린팅으로 알려진 적층 가공(Additive manufacturing, AM)은 3차원의 물체를 만들어 내는 기술이다. 특히 시제품 제작, 빠른 디자인 변경, 더는 상업적으로 구할 수 없는 부품을 만드는 데 유용하다. 3D 프린팅은 무기 부품 제조에 활용되어 왔지만(아래 참조), 2020년 코로나19 위기 동안 3D 프린팅 커뮤니티는 인공호흡기와 개인 보호 장비용 부품의 빠른 생산을 위한 기술을 신속하게 제공했다.

## 2010년대에 보고된 발전상

### 연도

**2010년대**  X51A 웨이브라이더(X51A WaveRider)와 같은 극초음속 미사일용 50파운드 탄두가 3D 프린터로 제작됐다.

**2010년대**  로스앨러모스 국립연구소(1940년대에 설립된 최초의 원폭 연구소)는 미국 핵무기에 사용될 고성능 폭약을 만드는 3D 프린팅 기술을 개발했다.

**2010년대**  네덜란드 연구원들이 3D 프린팅 기술로 TNT 폭약을 제조했다.

**2013년**  한 미국 학생이 3D 프린터로 최초의 플라스틱 총을 제작해 '리버레이터(Liberator, 해방자)'라고 명명했다.

**2013년**  NASA는 더 적은 부품으로도 추진력이 향상되는 로켓용 엔진 분사기를 3D 프린터로 제작하여 테스트를 성공적으로 마쳤다.

**2014년**  영국의 셀라필드(Sellafield) 원자력 발전소는 맞춤형으로 설계된 핵폐기물 용기 뚜껑을 3D 프린터로 제작했다.

**2015년**  미국의 방산업체 레이시온(Raytheon)은 부품의 80%가 3D 프린팅된 미사일을 생산했다고 발표했다.

**미래:**

· 인체 조직의 3D 바이오 프린팅은 의학적 치료 기회를 제공하지만, 생물 무기로 사용할 독소를 옮기는 데 쓰일 수도 있다.

· 한 장소에서 다른 장소로 운반해야만 하는 물리적 무기 대신에 소형 무기의 디지털 파일을 전송할 수 있게 된다면 이를 어떻게 통제할 것인가?

# 인공 지능과 군비 경쟁

인공 지능(AI)과 기계 학습은 엄청난 양의 정보를 훨씬 더 빠르게 처리할 수 있다는 것을 의미한다. 이러한 신기술이 좋은지 나쁜지는 그것을 어떻게 사용하느냐에 달려 있다.

위협에 선제적으로 대응하기 위해? 무장 로봇을 만들기 위해? 미사일 타격의 정확도를 높이기 위해? 협정과 조약이 제대로 이행되는지 감시하기 위해? 이 모든 것에 활용될 수 있다.

## 공격 및 방어 분야의 AI

사용 가능한 영역의 예

### 조기 경보 및 정보·감시·정찰(ISR)

- 적의 공격 탐지
- 데이터 처리 및 분석
- 적의 핵 관련 활동 예측

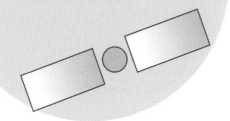

### 사이버 보안 및 공격

- 사이버 공격에 대한 더 나은 방어 체계
- 사이버 공격 능력 향상

### 핵무기와 재래식 무기의 자율화

- 드론
- 극초음속
- 수상 및 수중 차량

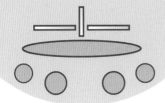

### 방어 메커니즘

- 방어 시스템의 타깃 설정 능력 개선
- 적의 신호 감지력 향상
- 전파 방해 기능 향상
- 자율적인 대잠수함(anti-submarine) 및 대항 기뢰 시스템
- 핵 자산 보호를 위한 자율 로봇

# 인류의 건강

국민의 건강은 사회의 건강을 반영한다. 양호한 건강 상태는 인간의 기본적 욕구이며, 양질의 의료 서비스를 받을 수 있는 것은 기본 권리이자 시민에 대한 국가의 의무이다. 인류의 건강 증진은 지난 150여 년간 인류가 이룬 개발과 진보의 중요한 성공 사례가 된다. 현대 사회가 지닌 많은 결점에도 불구하고 개선된 공중 보건 시스템, 깨끗한 물과 안전한 하수 처리, 영양 상태 개선, 의학적 지식과 치료법의 발전 덕분에 더 많은 사람이 이전보다 더 오래 살게 되었다.

코로나19 팬데믹이 세계의 보건 상황에 대한 상대적 낙관론을 잠시 멈추게 하는 것은 아니지만, 경각심을 불러일으켰다. 이미 경고음이 울렸음에도 준비는 전반적으로 부족했다. 팬데믹에 대한 일부 정부의 대응은 참담할 정도로 부실했다. 비교적 대응을 잘했던 국가조차 지난 10년간의 보건 비용 지출 삭감으로 인해 취약한 부분을 드러냈다. 대표적인 예로 노인 돌봄 서비스는 최소한의 비용으로 운용되었다.

코로나19는 사스, 메르스, 신종 플루, 에볼라 등 금세기에 창궐한 일련의 신종 전염병 중 가장 최근에 발생한 것으로, 전염병 유행 속도와 주기가 점점 빨라지고 있어 우려스럽다. 내부 분쟁에 휩싸인 세계보건기구(WHO)는 미국이 회원국에서 탈퇴하고 기금 철회를 결정하면서 그 위상이 흔들리고 있다. (미국은 조 바이든 정권이 들어선 이후인 2021년 1월, 탈퇴 절차를 중단하고 WHO에 복귀했다. - 역자주)

그러나 우리 시대의 가장 치명적인 질병은 생활습관병이다. 어떤 곳에서는 영양실조와 기아가 다시 증가하고 있는 가운데, 어떤 곳에서는 과다한 음식 섭취로 인한 전염병인 비만이 늘고 있다. 건강을 해치는 과체중과 더불어 심장병, 호흡기 질환, 각종 암의 주요 원인인 흡연도 증가하고 있다.

하지만 암 치료 분야는 진보하고 있다. 암은 대부분 조기에 발견하면 치료할 수 있다. 후천성면역결핍증(HIV/AIDS)은 불치병이었지만 이제는 관리 가능한 질병이 되었다. 그러나 많은 나라에서 정신 건강은 여전히 금기시되며 제대로 논의가 이루어지지 못해 환자를 지원할 자원이 있어도 관리가 어려운 상황이다.

그럼에도 전반적으로 공중 보건과 질병 치료에서 큰 진전이 있었다. 우리의 생활 습관에 따라 의학이 해결해야 할 질병들이 생겨난다. 건강해지려면 어떻게 살아야 하는지를 잘 알고 그대로 실천하는 것이 가장 확실한 대안이다.

# 팬데믹

2019년 12월 중국 우한에서 신종 코로나바이러스 발병이 처음으로 확인됐고, 이 바이러스는 2020년 1월 중국을 넘어 전 세계로 확산됐다. 1월 말, 세계보건기구(WHO)는 '국제적 공중 보건 비상사태'를 선포했다. 2월에는 이 신종 바이러스를 코로나19(COVID-19)로 명명했고, 3월에는 이를 팬데믹(전염병의 범세계적 대유행)으로 선언했다.

사람들은 매일 코로나19 통계 수치(확진자와 사망자 수)를 확인하지만, 완벽하지 않은 통계는 오해를 불러일으켰다. 공식 추계가 실제보다 과소평가된 경우가 많았고, 비록 일부러 다르게 한 것은

아니지만 계산 방법이 국가마다 상당히 달랐다.

코로나19로 인한 간접적인 영향도 두드러졌다. 많은 나라에서 감염 속도를 늦추려고 봉쇄를 단행하자, 가정 폭력 증가와 같은 여러 부작용이 발생했다. 또한 코로나19 감염자를 우선 치료하다 보니 다른 중환자 치료는 뒤로 밀리기도 했다.

이미 확인된 질병의 60%, 새로 발견된 질병의 75%, 그리고 21세기에 유행한 다른 전염병과 마찬가지로 코로나19는 동물에게서 사람으로 전염된 동물원성 감염증이다.

## 전염병과 팬데믹의 시대

### 최악의 감염을 겪은 국가

사스: 중증급성호흡기증후군(2002~2003년)
H1N1: 신종 인플루엔자A(2009~2010년)
메르스: 중동호흡기증후군(2012~2020년)
에볼라(2014~2016년)
에볼라(2018~2020년)
자료 없음

**사스**
전 세계 추정치:
확진자 8,400명
사망자 916명

**에볼라 1차 유행**
전 세계 추정치:
확진자 29,000명
사망자 6,500명

**H1N1**(신종 플루)
전 세계 추정치:
확진자 7,000만 명 이상
사망자 150,000~575,000명

**에볼라 2차 유행**
전 세계 추정치:
확진자 3,460명
사망자 2,280명

**메르스**
전 세계 추정치:
확진자 2,500명
사망자 866명

캐나다
미국
멕시코
브라질
아르헨티나
영국
사우디아라비아
카타르
아랍에미리트
기니
시에라리온
라이베리아
콩고민주공화국
인도
중국
대한민국
타이완
홍콩 특별행정구(중국)
싱가포르

# 코로나19

**코로나19 팬데믹의 진원지**
(2020년 1~6월)

● 진원지
● 코로나19 확진자가 발생한 다른 나라들

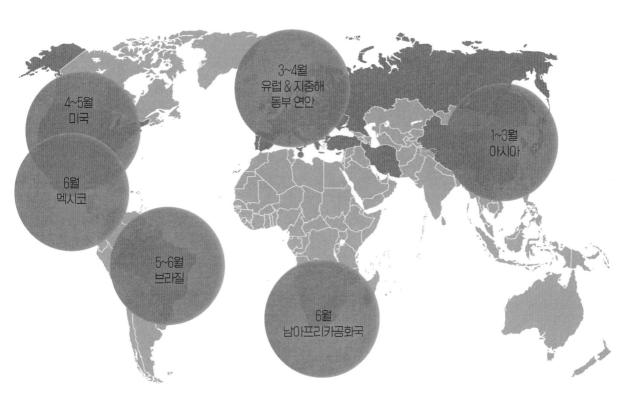

4~5월
미국

6월
멕시코

5~6월
브라질

3~4월
유럽 & 지중해
동부 연안

1~3월
아시아

6월
남아프리카공화국

# 코로나19 확진자 수

**지역별**
(2020년 1~6월)

● 아메리카
● 유럽
● 지중해 동부 연안
● 동남아시아
● 아프리카
● 서태평양

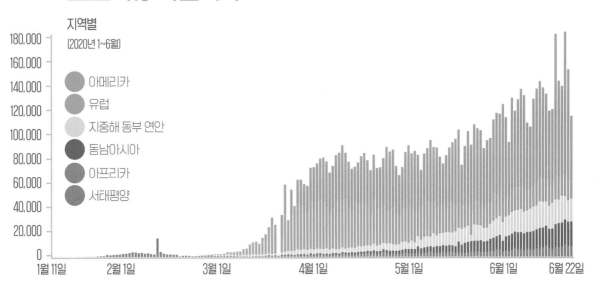

# 영양실조

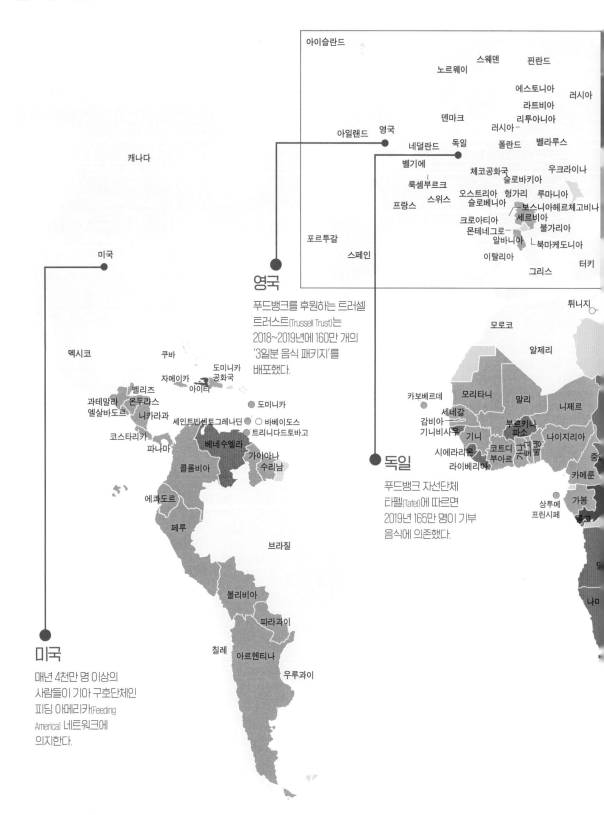

아이슬란드

노르웨이 스웨덴 핀란드

에스토니아 러시아
라트비아
덴마크 리투아니아
러시아 –
아일랜드 영국 네덜란드 독일 폴란드 벨라루스
벨기에
룩셈부르크 체코공화국 우크라이나
슬로바키아
프랑스 스위스 오스트리아 헝가리 루마니아
슬로베니아
보스니아헤르체고비나
크로아티아 세르비아
포르투갈 몬테네그로 불가리아
알바니아 북마케도니아
스페인 이탈리아
그리스 터키

튀니지
모로코
알제리

캐나다

미국

멕시코

쿠바
도미니카
자메이카 공화국
벨리즈 아이티
과테말라 온두라스
엘살바도르
니카라과 ● 도미니카
세인트빈센트그레나딘 ○ 바베이도스
코스타리카 ● 트리니다드토바고
파나마
베네수엘라
가이아나
콜롬비아 수리남

에콰도르

페루
브라질

볼리비아

파라과이

칠레 아르헨티나

우루과이

카보베르데 모리타니
말리 니제르
세네갈
감비아 기니
기니비사우 부르키나
파소 나이지리아
시에라리온 코트디 중
라이베리아 부아르
카메룬

가봉
상투메
프린시페

나미

## 영국

푸드뱅크를 후원하는 트러셀 트러스트(Trussell Trust)는 2018~2019년에 160만 개의 '3일분 음식 패키지'를 배포했다.

## 독일

푸드뱅크 자선단체 타펠(Tafel)에 따르면 2019년 165만 명이 기부 음식에 의존했다.

## 미국

매년 4천만 명 이상의 사람들이 기아 구호단체인 피딩 아메리카(Feeding America) 네트워크에 의지한다.

# 영양실조에 걸린 사람들

식이 에너지 필요량만큼의 음식을
섭취하지 못하는 인구 비율
(2017년)

 40% 이상
 20%~39%

 5%~19%
 5% 미만

 자료 없음

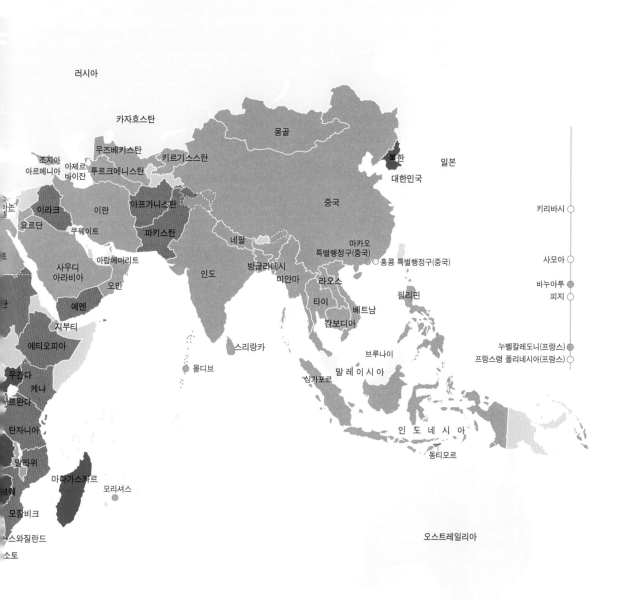

149

# 영양 부족

2005년부터 2015년까지 전 세계적으로 영양 부족 상태의 인구는 꾸준히 감소했지만, 2015년에는 이러한 감소세가 멈추었다. 세계 인구가 증가하며 영양실조에 걸린 사람들이 다시 늘기 시작했다.

이러한 반전을 일으킨 주요 원인은 기후 변화와 폭력적 충돌이다. 그러나 식량 부족 현상은 다양한 요인에 의해 발생한다. 충분한 식량을 재배할 수 있는 사람들도 기후 변화가 초래한 우기의 기간과 시기 등의 변화로 인해 타격을 받을 수 있다. 충분한 식량을 구매할 수 있는 사람들도 멀리 떨어진 나라의 경제 발전에 따른 국제 식량 가격 변동에 영향을 받을 수 있다. 흉작, 자연재해, 전쟁은 식량 문제를 악화하며, 공급 문제 및 열악한 교통 인프라와 같은 구조적인 경제적 결함도 악영향을 미친다.

영양소 결핍은 식량 부족만큼이나 심각한 문제다. 비타민 일일 섭취량이 부족하면 치명적인 질병에 걸리기 쉽다. 예를 들어, 약 2억 5천만 명의 미취학 아동이 비타민 A 결핍 상태인데, 이는 치명적 감염으로 인한 질병과 사망 위험을 높일 뿐만 아니라 예방 가능한 아동의 실명을 유발하기도 한다.

## 기아

**영양 부족 상태인 사람들의 수**
(2005~2018년)

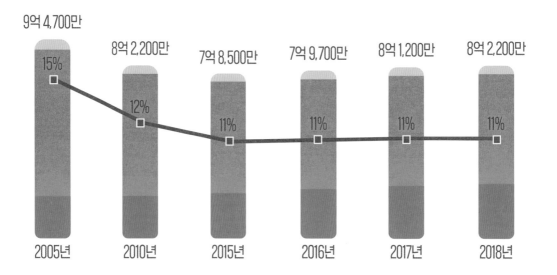

| 범례 |
|---|
| 중남미 & 카리브해 지역 · 아시아 · 아프리카 — 세계적인 영양 부족의 만연 |

9억 4,700만 — 15% — 2005년
8억 2,200만 — 12% — 2010년
7억 8,500만 — 11% — 2015년
7억 9,700만 — 11% — 2016년
8억 1,200만 — 11% — 2017년
8억 2,200만 — 11% — 2018년

# 식량 부족

외부 지원이 필요한 곳
(2019년 9월 현재)

- ● 식량 생산 및 공급의 극심한 부족
- ● 기초식품에 대한 광범위한 접근 부족
- ● 심각하지만 국지적인 식량 공급 불안정
- ● 외부 지원이 필요한 식량 부족 없음

아이티
베네수엘라
카보베르데
세네갈
기니
시에라리온
라이베리아
모리타니
말리
부르키나파소
니제르
차드
수단
리비아
시리아
이라크
아프가니스탄
파키스탄
북한
방글라데시
미얀마
나이지리아
중앙아프리카공화국
카메룬
콩고
콩고민주공화국
남수단
우간다
에리트레아
지부티
에티오피아
소말리아
케냐
부룬디
예멘
말라위
짐바브웨
모잠비크
스와질란드
레소토
마다가스카르

전 세계적으로
약 **2억 5천만 명**의
미취학 아동이
비타민 A 결핍 상태다.

# 비만

캐 나 다
미 국
멕시코
바하마
쿠바
도미니카공화국
아이티
자메이카
벨리즈
과테말라
온두라스
엘살바도르
니카라과
코스타리카
파나마
세인트키츠네비스
앤티가바부다
도미니카
그레나다
세인트루시아
바베이도스
세인트빈센트그레나딘
트리니다드토바고
베네수엘라
가이아나
수리남
콜롬비아
에콰도르
페루
브 라 질
볼리비아
파라과이
칠레
아르헨티나
우루과이
아이슬란드
노르웨이
영국
덴마크
아일랜드
네덜란드
독일
벨기에
룩셈부르크
프랑스
스위스
포르투갈
안도라
스페인
튀니지
모로코
알제리
카보
베르데
모리타니
말리
니제르
세네갈
감비아
기니비사우
기니
부르키나
파소
시에라리온
코트디
부아르
가나
토고
베냉
나이지리아
라이베리아
카메룬
적도
기니
상투메
프린시페
가봉
콩고

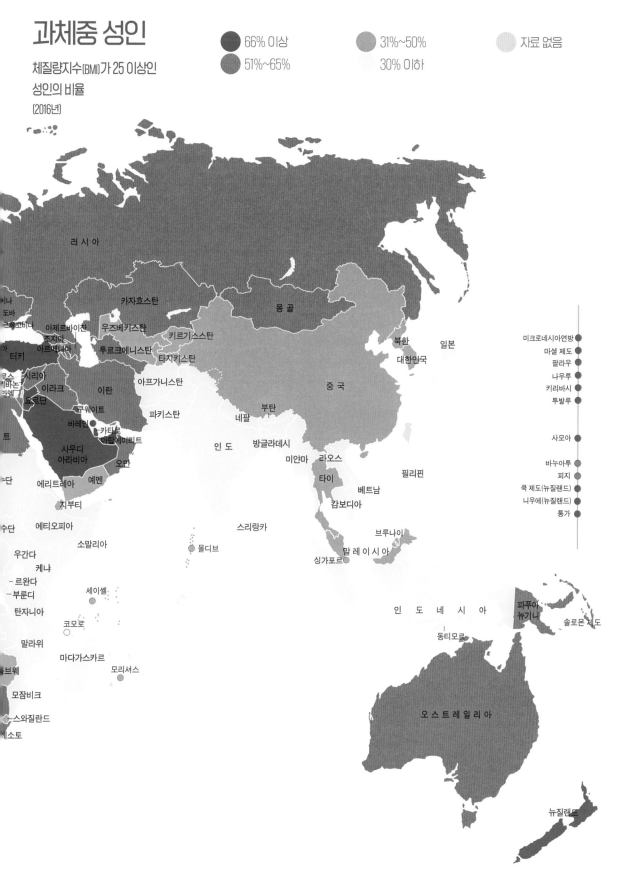

# 과체중 성인

체질량지수(BMI)가 25 이상인
성인의 비율
(2016년)

66% 이상

51%~65%

31%~50%

30% 이하

자료 없음

러 시 아

카자흐스탄

몽 골

우즈베키스탄

키르기스스탄

아제르바이잔

조지아

아르메니아

투르크메니스탄

타지키스탄

북한

일본

대한민국

터키

시리아

이라크

이란

아프가니스탄

중 국

요르단

쿠웨이트

바레인

카타르

아랍에미리트

파키스탄

네팔

부탄

사우디
아라비아

오만

인 도

방글라데시

오만

에리트레아

예멘

미얀마

라오스

필리핀

치부티

타이

베트남

캄보디아

에티오피아

소말리아

스리랑카

브루나이

우간다

몰디브

말 레 이 시 아

싱가포르

케냐

르완다

부룬디

세이셸

탄자니아

코모로

인 도 네 시 아

파푸아
뉴기니

솔로몬 제도

동티모르

말라위

마다가스카르

모리셔스

브웨

모잠비크

스와질란드

레소토

오 스 트 레 일 리 아

뉴질랜드

미크로네시아연방

마셜 제도

팔라우

나우루

키리바시

투발루

사모아

바누아투

피지

쿡 제도(뉴질랜드)

니우에(뉴질랜드)

통가

# 비만의 영향

비만 인구는 1975년 이래로 3배 이상 증가했다. 전 세계에서 약 19억 명의 성인이 과체중이거나 비만이다. 이제 대부분의 나라에서 영양실조보다는 과체중으로 사망하는 사람이 더 많다. 체중이 지나치게 많이 나가면 쇠약해지고 수명이 단축될 위험도 크다.

단지 '많이 먹는 것'보다는 '무엇을 먹느냐'가 더 큰 문제다. 동물성 지방과 당분이 많은 값싼 가공식품은 저소득층의 식비를 낮춰 주지만, 전염병과도 같은 비만의 직접적 원인이 된다. 세계 각국의 보건 서비스 기관은 비만과의 치열한 전투를 벌이고 있다.

## 과체중으로 인한 사망

높은 체질량지수(BMI 25 이상)가 원인이 되는 사망률 (2017년)

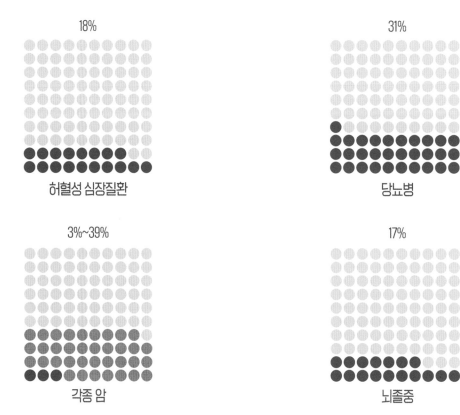

18%

허혈성 심장질환

31%

당뇨병

3%~39%

각종 암

17%

뇌졸중

# 심각해지는 미국의 비만 문제

미국 주별 체질량지수가 30 이상인 인구의 비율
(2012년, 2015년, 2018년)

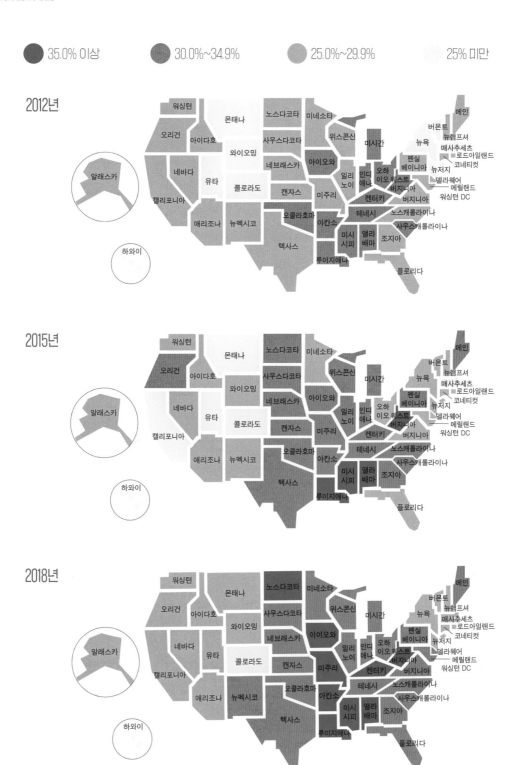

# 흡연

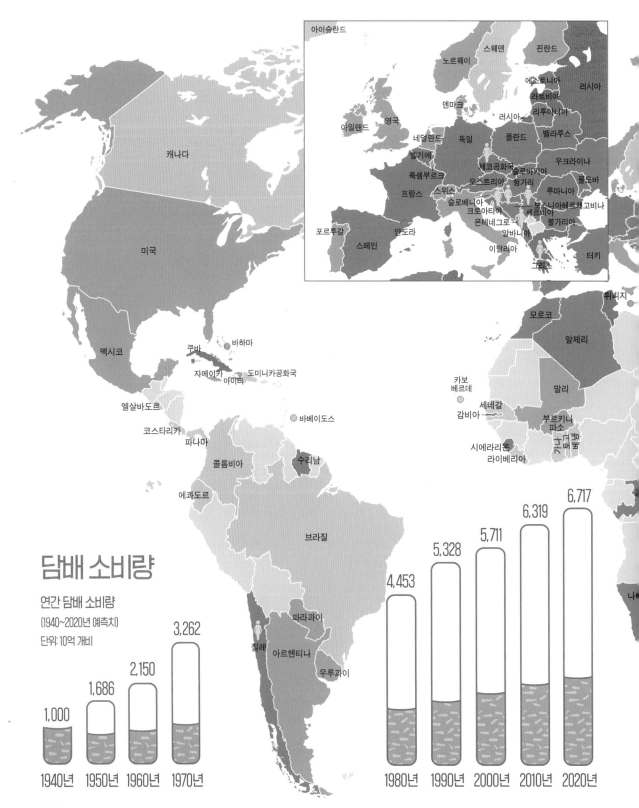

**담배 소비량**

연간 담배 소비량
(1940~2020년 예측치)
단위: 10억 개비

1,000 · 1940년
1,686 · 1950년
2,150 · 1960년
3,262 · 1970년
4,453 · 1980년
5,328 · 1990년
5,711 · 2000년
6,319 · 2010년
6,717 · 2020년

# 남성 흡연자

15세 이상 남성 중 흡연자의 비율
(2017년)

- ● 50% 이상
- ● 40%~49%
- ● 30%~39%
- ● 20%~29%
- ● 20% 미만
- 👤 여성 흡연율 상위 10개국

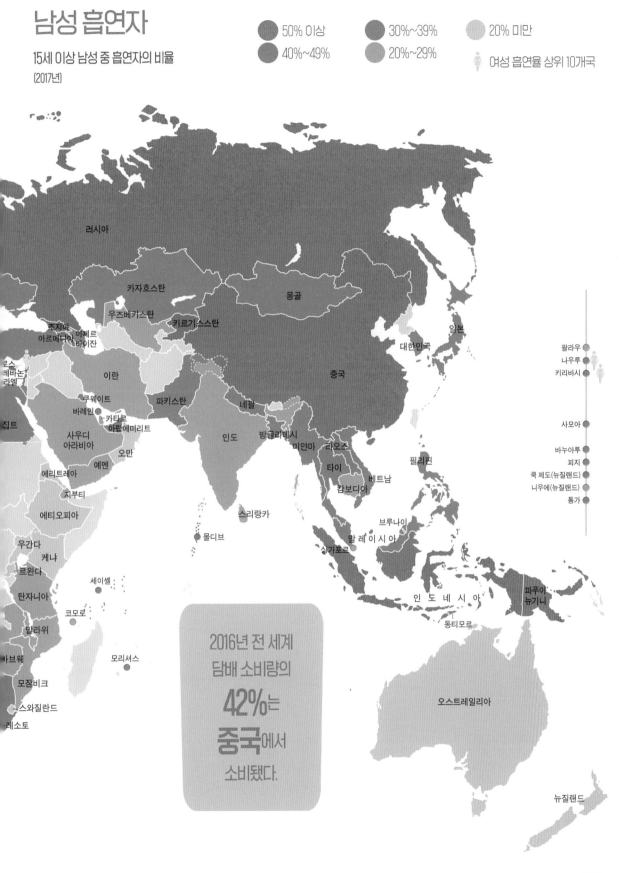

러시아

카자흐스탄

몽골

우즈베키스탄

키르기스스탄

조지아
아르메니아
아제르바이잔

일본

대한민국

이란

중국

쿠웨이트
바레인
카타르
아랍에미리트

파키스탄

네팔

레바논
이스라엘

이집트

사우디아라비아

오만

예멘

인도

방글라데시

미얀마

라오스

타이

베트남

캄보디아

필리핀

에리트레아

지부티

에티오피아

스리랑카

브루나이

우간다
케냐
르완다

세이셸

몰디브

말레이시아

싱가포르

탄자니아

코모로

인도네시아

파푸아뉴기니

말라위

모리셔스

짐바브웨

모잠비크

스와질란드

동티모르

레소토

오스트레일리아

뉴질랜드

팔라우 ●
나우루 👤
키리바시 👤

사모아 ●

바누아투 ●
피지 ●
쿡 제도(뉴질랜드) ●
니우에(뉴질랜드) ●
통가 ●

2016년 전 세계
담배 소비량의
**42%**는
**중국**에서
소비됐다.

# 금연법

(2019년 3월)

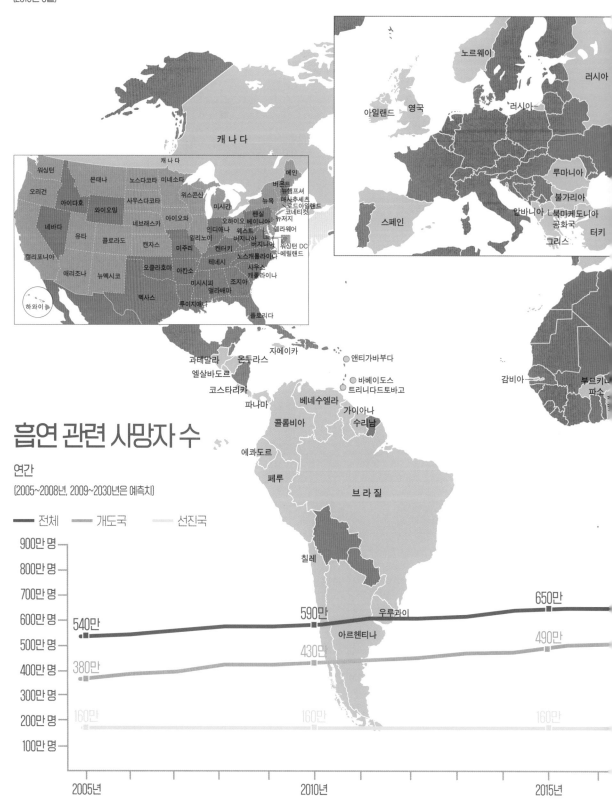

| | |
|---|---|
| 워싱턴 | |
| 몬태나 | |
| 노스다코타 | 미네소타 |

캐 나 다

캐 나 다

메인
뉴햄프셔
버몬트
뉴욕 매사추세츠
로드아일랜드
코네티컷
뉴저지
델라웨어
위싱턴 DC
메릴랜드

워싱턴
몬태나
노스다코타 미네소타
오리건
위스콘신
아이다호
와이오밍
사우스다코타
미시간
네바다
네브래스카
아이오와
오하이오 베이니아
펜실
유타
콜로라도
일리노이 웨스트
버지니아
캔자스
미주리
캘리포니아
켄터키
노스캐롤라이나
테네시
애리조나
뉴멕시코
오클라호마
아칸소
사우스
캐롤라이나
미시시피
조지아
앨라배마
텍사스
루이지애나
플로리다
하와이

노르웨이
러시아
아일랜드 영국 러시아
루마니아
스페인 불가리아
알바니아 북마케도니아
공화국
그리스
터키

자메이카
앤티가바부다
과테말라 온두라스
바베이도스
엘살바도르
트리니다드토바고
코스타리카
감비아
부르키나
파소
파나마
베네수엘라
가이아나
콜롬비아
수리남
에콰도르
페루
브 라 질

# 흡연 관련 사망자 수

연간

(2005~2008년, 2009~2030년은 예측치)

칠레
우루과이
아르헨티나

▬▬ 전체   ▬▬ 개도국   ▬▬ 선진국

| | | | |
|---|---|---|---|
| 900만 명 | | | |
| 800만 명 | | | |
| 700만 명 | | | 650만 |
| 600만 명 | 540만 | 590만 | |
| 500만 명 | | 430만 | 490만 |
| 400만 명 | 380만 | | |
| 300만 명 | | | |
| 200만 명 | 160만 | 160만 | 160만 |
| 100만 명 | | | |

2005년　　　　　　　2010년　　　　　　　2015년

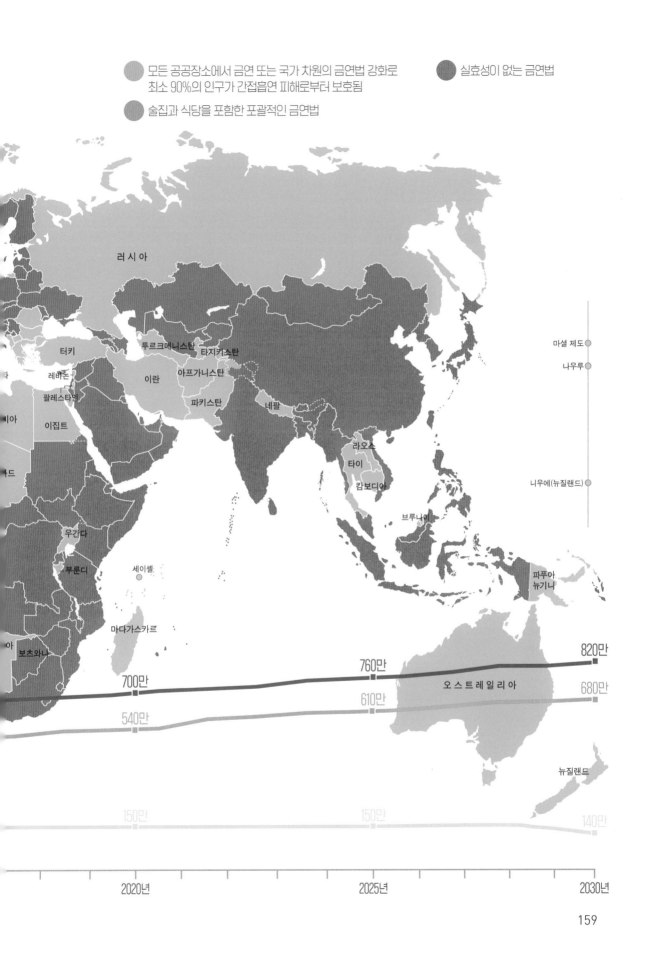

# 암

암은 비정상적인 세포가 성장하고 증식하는 것이 특징인 질병의 총칭이다. 암은 전체 사망의 16%를 차지하는 두 번째 주요 사망 원인이다. 암 예방법 및 치료법이 개선되고 있지만, 암 발병률은 1975년부터 2008년 사이 2배 이상 증가했고, 이후 10년간 42%나 증가했다.

세계 인구가 증가하고 전반적인 건강 상태가 개선되면서 평균 수명이 늘어났기에 암 발병률은 높아질 수밖에 없다. 경제 성장이 한창인 국가에서는 생활 습관, 식생활, 흡연량 등에서 변화가 일어나면서 암 환자가 늘고 있다. 현재 고소득 국가의 암 발병률이 2.5배 정도 높게 나타나지만, 빈곤국에서도 암 발병률이 급증하고 있다.

암은 조기에 발견하면 치유될 가능성이 크다. 조기 진단을 위해서는 교육과 조직 검사 등 포괄적 의료 서비스가 제공되어야 하기에 저개발국보다는 부유한 선진국이 암 예방과 치료에 더 유리하다.

## 증가하는 암

### 연도별 전 세계 신규 암 환자 수
(1975년, 2008년, 2012년, 2018년, 2040년은 예측치)

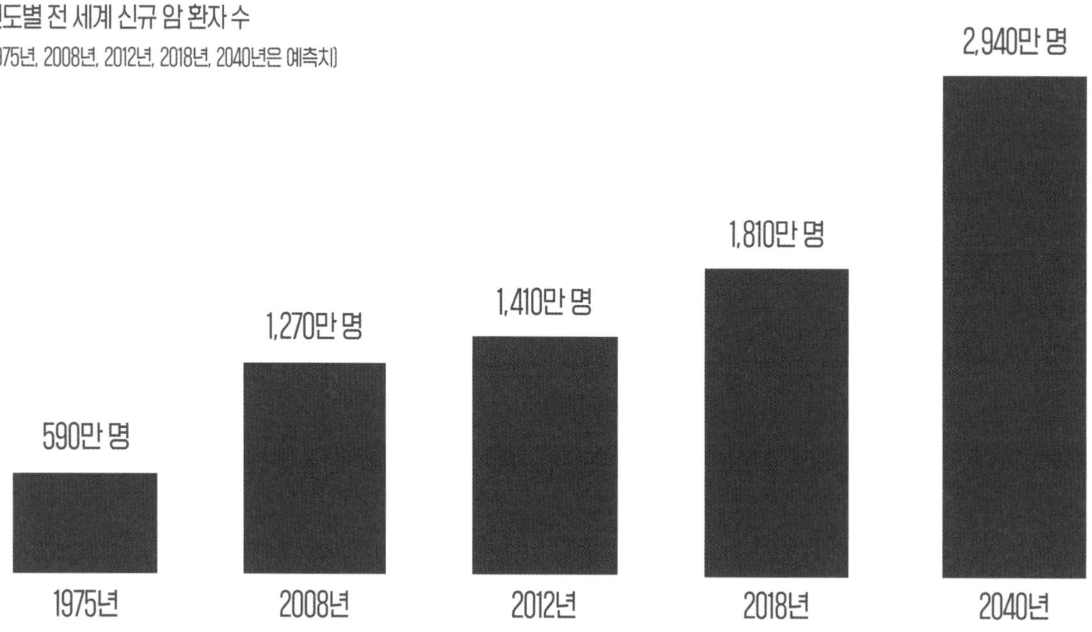

2,940만 명

1,810만 명

1,410만 명

1,270만 명

590만 명

1975년    2008년    2012년    2018년    2040년

# 소아암 생존율

림프성 백혈병 진단 사례 관찰

(2018년)

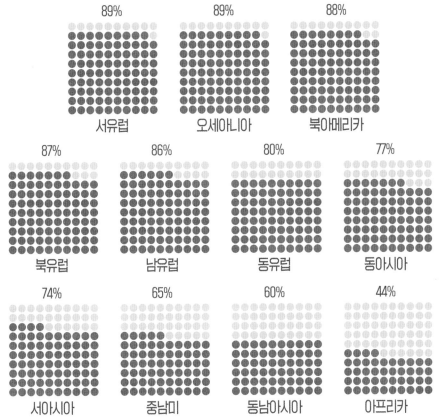

| | | |
|---|---|---|
| 89% 서유럽 | 89% 오세아니아 | 88% 북아메리카 |

87% 북유럽 — 86% 남유럽 — 80% 동유럽 — 77% 동아시아

74% 서아시아 — 65% 중남미 — 60% 동남아시아 — 44% 아프리카

# 환경적 요인

암 발생 원인

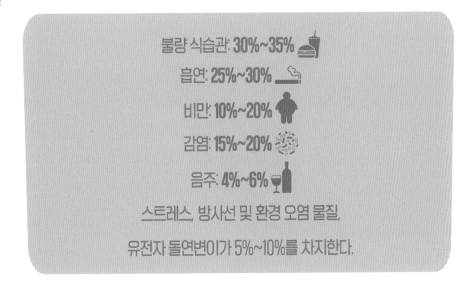

불량 식습관: 30%~35%

흡연: 25%~30%

비만: 10%~20%

감염: 15%~20%

음주: 4%~6%

스트레스, 방사선 및 환경 오염 물질,

유전자 돌연변이가 5%~10%를 차지한다.

# 남성 암

가장 많이 발생하는 암
(2018년)

방광암
대장암
카포지 육종
구강암
간암
폐암
식도암
전립선암
위암
자료 없음

러시아

카자흐스탄

몽골

우즈베키스탄
키르기스스탄
북한
일본

조지아
아르메니아
아제르
바이잔
투르크메니스탄
타지키스탄
대한민국

시리아
이라크
이란
아프가니스탄
중국

쿠웨이트
바레인
파키스탄
네팔
부탄

사우디
아라비아
오만
인도
방글라데시
미얀마
라오스

예멘
타이
베트남
필리핀

에리트레아
캄보디아

지부티
스리랑카
브루나이

에티오피아
몰디브
말레이시아

소말리아
싱가포르

우간다
케냐

부룬디
탄자니아

코모로
인도네시아
파푸아
뉴기니

말라위
마다가스카르
솔로몬
제도

모리셔스
레위니옹

모잠비크

오스트레일리아

스와질란드
레소토

터키
이나
도바
헤르체고비나
집트
수단
수단
완다
브웨
아
카

뉴질랜드

163

# 여성 암

## 가장 많이 발생하는 암

(2018년)

# 후천성면역결핍증(HIV/AIDS)

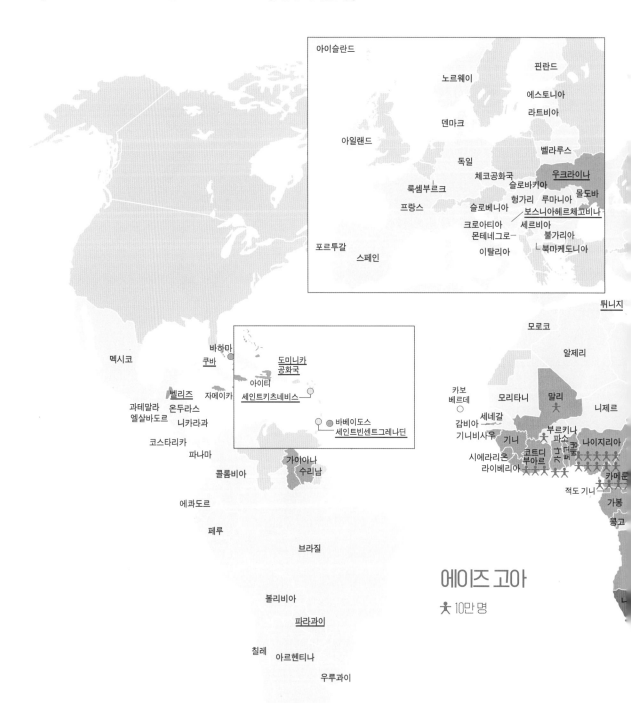

에이즈 고아
👤 10만 명

# HIV/AIDS의 영향

15~49세 연령층 중 HIV에 감염된 인구의 비율
(2018년)

- 20.0%~28.0%
- 10.0%~19.9%
- 1.0%~9.9%
- 1.0% 미만
- 자료 없음

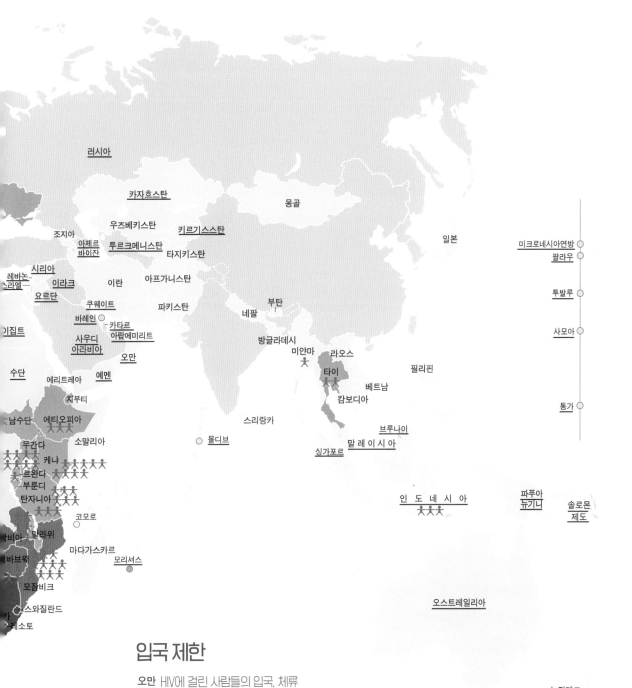

러시아

카자흐스탄

우즈베키스탄  키르기스스탄  몽골  일본

조지아  아제르  투르크메니스탄  타지키스탄
바이잔

레바논  시리아  이라크  이란  아프가니스탄  부탄
스라엘  요르단  쿠웨이트  파키스탄  네팔
바레인  카타르  방글라데시
사우디  아랍에미리트  미얀마  라오스
아라비아  오만  타이  필리핀
베트남
수단  에리트레아  예멘  캄보디아
지부티  스리랑카
남수단  에티오피아  브루나이
우간다  소말리아  몰디브  말레이시아
케냐  싱가포르
르완다
부룬디  코모로
탄자니아
인 도 네 시 아
말라위  파푸아
바브웨  마다가스카르  뉴기니  솔로몬
제도
모리셔스
모잠비크
스와질란드  오스트레일리아
레소토

미크로네시아연방
팔라우

투발루

사모아

통가

## 입국 제한

오만 HIV에 걸린 사람들의 입국, 체류
또는 거주를 제한하는 나라
(2018년)

뉴질랜드

167

# HIV/AIDS 치료

HIV/AIDS는 지난 40년 동안 약 3,200만 명의 생명을 앗아갔다. 2018년 기준, HIV에 감염된 사람은 약 4천만 명이다.

HIV 감염자는 완치될 수는 없지만, 항레트로바이러스 요법(anti-retroviral therapy, ART)과 약물을 사용해 건강하고 생산적인 삶을 살 수 있다. 또한 ART는 산모를 통한 태아 HIV 전염을 막을 수 있는데, 실제로 160만 명 이상의 아동 감염을 예방하였다. 하지만 약물은 결코 모두가 보편적으로 투여받을 수 있는 것은 아니다.

문제를 외면하거나 HIV/AIDS 감염자들의 출입을 막는 전략(44개국에서 여전히 시행 중인 조치)은 모두 예방 효과가 없었다. 그러나 치료와 교육이 병행된 덕분에 HIV/AIDS 신규 감염자와 사망자 수는 감소하는 추세다. 전염병 대처를 위해 더 적극적인 자원 투입이 이루어진다면 전염병은 퇴치될 수 있다.

## HIV/AIDS 감염자 추이

### 성인 및 아동
(1990~2018년)

━━ HIV 신규 감염자 수
━━ 사망자 수

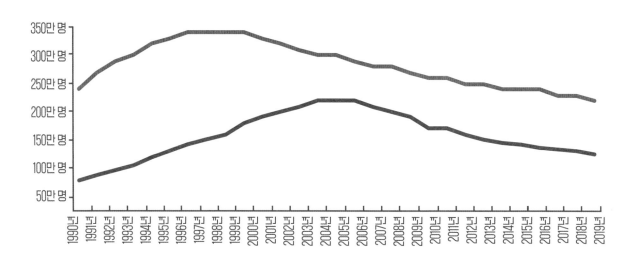

# 항레트로바이러스 요법(ART)

HIV에 감염된 성인 및 아동 중에
ART 치료를 받는 사람의 비율
(2018년)

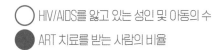

○ HIV/AIDS를 앓고 있는 성인 및 아동의 수
● ART 치료를 받는 사람의 비율

170만 명

38%

동유럽 및 중앙아시아

20만 명

32%

중동 및 북아프리카

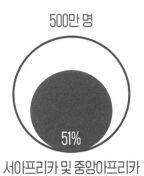

500만 명

51%

서아프리카 및 중앙아프리카

220만 명

79%

서유럽 및 중부 유럽, 북아메리카

590만 명

54%

아시아 및 태평양 지역

220만 명

62%

중남미 및 카리브해 지역

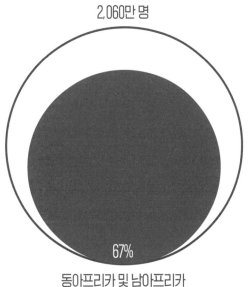

2,060만 명

67%

동아프리카 및 남아프리카

# 정신 건강

전 세계적으로 10명 중 1명은 정신적 장애를 겪고 있는 것으로 추정된다. 보통 4명 중 1명꼴로 평생에 한 번은 정신적 또는 신경학적 장애를 경험한다.

대부분의 정신 질환자들은 불안과 우울 증상을 보이며, 남성보다는 여성이 더 정신 건강에 취약하다. 정신적 문제가 있는 아동과 청소년이 계속 늘고 있는데, 정신 장애 증상의 절반가량은 14세 이전에 시작된다.

정신 질환자들은 병에 걸리거나 병을 옮길 확률이 높다. 자살할 위험도 더 큰데, 실제로 매년 약 80만 명이 스스로 목숨을 끊는다. 특히 청년층에서 자살은 세 번째 주요 사망 원인이다.

많은 나라에서 정신 질환은 금기시되는 주제이며, 환자 가족들은 다른 질병에 비해 이를 더 수치스럽게 여긴다. 대부분의 나라에서 정신 질환자를 부정적인 존재로 낙인찍으면서 이 중대한 건강 문제에 대한 지원이 더 부족해지고, 정신 질환자의 인권 침해가 일상적으로 벌어지고 있다. 정신 건강 문제에 대처하기 위한 전 세계 평균 지출 금액은 1인당 연간 2달러에도 미치지 못한다. 하지만 정신 건강 문제를 제대로 다루지 못하고 있다는 비판과 불만의 목소리가 높은 고소득 국가의 1인당 지출액은 저소득 국가에 비하면 4,000배나 많다.

# 정신 건강 장애

전 세계적으로 정신 건강 장애가 있는 것으로 추정되는 사람들의 수
(2017년)

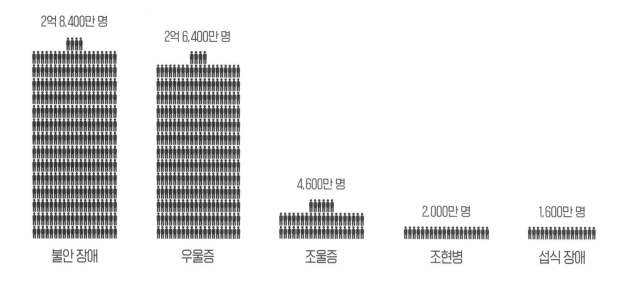

2억 8,400만 명 — 불안 장애

2억 6,400만 명 — 우울증

4,600만 명 — 조울증

2,000만 명 — 조현병

1,600만 명 — 섭식 장애

# 정신 건강 관련 지출

정신 건강을 위해 정부가 지출하는 1인당 금액의 중앙값 (미국 달러)
(2016년)

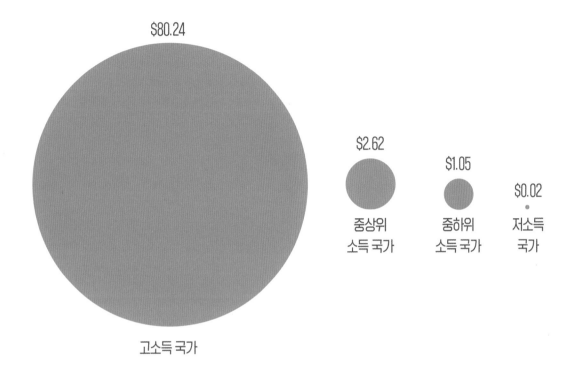

$80.24

고소득 국가

$2.62

중상위
소득 국가

$1.05

중하위
소득 국가

$0.02

저소득
국가

인구 100만 명당
정신과 의사 수

고소득 국가: **127명**

저소득 국가: **1명**

# 남성 자살

남성 100만 명당 자살자 수

(2016년)

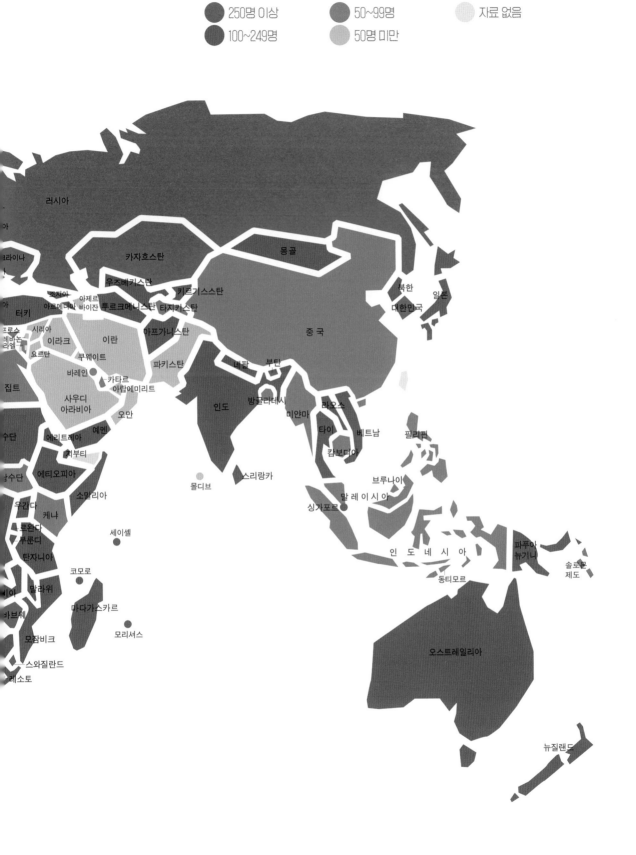

# 여성 자살

여성 100만 명당 자살자 수

(2016년)

아이슬란드

노르웨이

스웨

영국 덴마크

아일랜드 네덜란드 독일

벨기에 체코

룩셈부르크 오스트

스위스 슬

프랑스

크로아

몬테네

포르투갈 스페인 보스니아

헤르체고비나

튀니지

모로코

알제리

캐나다

미국

바하마

쿠바

멕시코

아이티 도미니카공화국

벨리즈 자메이카

과테말라 온두라스 앤티가바부다

엘살바도르 세인트루시아

니카과 그레나다

코스타리카 바베이도스

세인트빈센트그레나딘

파나마 베네수엘라 트리니다드토바고

가이아나

콜롬비아 수리남

에콰도르

페루

브라질

볼리비아

파라과이

칠레

아르헨티나 우루과이

카보

베르데

모리타니 말리 니제르

감비아 세네갈

기니비사우 부르키나파소

기니 나이지리아

시에라리온 코트디 가

라이베리아 부아르 카메룬

적도 기니 가봉

콩고

상투메

프린시페

174

- 250~499명
- 100~249명
- 50~99명
- 50명 미만
- 자료 없음

러시아

우크라이나

카자흐스탄

몽골

우즈베키스탄

키르기스스탄

북한

일본

조지아

아제르
바이잔

대한민국

아르메니아

투르크메니스탄

중국

터키

키프로스

시리아

아프가니스탄

레바논

이라크

이란

이스라엘

요르단

쿠웨이트

파키스탄

네팔

부탄

바레인

카타르

이집트

사우디
아라비아

아랍에미리트

인도

방글라데시

라오스

오만

미얀마

수단

에리트레아

예멘

타이

베트남

필리핀

지부티

캄보디아

남수단

에티오피아

브루나이

우간다

소말리아

케냐

말레이시아

스리랑카

몰디브

싱가포르

르완다

부룬디

세이셸

인도네시아

파푸아
뉴기니

탄자니아

코모로

솔로몬
제도

말라위

동티모르

짐바브웨

마다가스카르

모리셔스

모잠비크

오스트레일리아

스와질란드

레소토

뉴질랜드

175

# 물과 위생

아이슬란드
그린란드(덴마크)
아일랜드 영국
포르투갈
스페인

노르웨이 스웨덴 핀란드
에스토니아
라트비아 러시아
덴마크 러시아 리투아니아
네덜란드 독일 폴란드 벨라루스
벨기에 체코공화국 우크라이나
룩셈부르크 슬로바키아 몰도바
오스트리아 헝가리 루마니아
스위스 슬로베니아 보스니아헤르체고비나
프랑스 크로아티아 세르비아
몬테네그로 불가리아
이탈리아 알바니아 북마케도니아
그리스 터키

캐나다

미국

버뮤다 제도(영국)
바하마 터크스 케이커스 제도(영국)
쿠바 도미니카 공화국
멕시코 자메이카 아이티 푸에르토리코(미국)
앤티가바부다
과들루프(프랑스)
그레나다 마르티니크(프랑스)
바베이도스
세인트빈센트그레나딘
트리니다드토바고

튀니지
모로코 알제리
카보 베르데
모리타니 말리 니제르
감비아 세네갈
기니비사우 부르키나 파소
기니 나이지리아
시에라리온 코트디
라이베리아 부아르
적도 카메
기니 상투메 가봉
프린시페 콩

벨리즈
과테말라 온두라스
엘살바도르 니카라과
코스타리카 파나마
베네수엘라 가이아나
수리남
프랑스령 기아나(프랑스)
에콰도르
페루
브라질
볼리비아
파라과이
칠레
우루과이

1990년부터 2010년까지 약 20억 명의 사람들이 개선된 수원을 이용할 수 있게 되었다. 그런데도 2015년 약 8억 4,400만 명이 여전히 기본적인 식수조차 제대로 공급받지 못했다.

오염되었을 수도 있는 우물과 샘에서 물을 길어 오는 역할은 주로 여성과 소녀들이 맡고 있는데, 이들은 먼 길을 오가며 위험에 처할 때도 많다.

# 식수

깨끗한 식수원에 쉽게 접근할 수 있는
인구의 비율

(2017년)

- 75% 미만
- 75%~84%
- 85%~94%
- 95% 이상
- 자료 없음

곽(미국)
미크로네시아연방
마셜 제도
팔라우
나우루
키리바시
투발루
토켈라우 제도

사모아

바누아투
피지
쿡 제도(뉴질랜드)
니우에(뉴질랜드)
통가
누벨칼레도니(프랑스)

러시아

카자흐스탄

몽골

아제르바이잔
조지아
아르메니아
우즈베키스탄
키르기스스탄
투르크메니스탄
타지키스탄

북한
대한민국
일본

프스
레바논
스라엘
요르단
레스타인

시리아
이라크
이란
아프가니스탄
중국

이집트

쿠웨이트
바레인
카타르
아랍에미리트

파키스탄

네팔
부탄

방글라데시
미얀마
라오스

수단

사우디
아라비아
오만
예멘

인도

타이
베트남
캄보디아

필리핀

지부티

스리랑카
브루나이

남수단
에티오피아

우간다
케냐

소말리아

몰디브

말 레 이 시 아
싱가포르

르완다
부룬디
탄자니아

세이셸

인 도 네 시 아

파푸아
뉴기니

솔로몬
제도

말라위

코모로
마요트(프랑스)

바웨

마다가스카르

모리셔스

레위니옹(프랑스)

동티모르

모잠비크

스와질란드

레소토

카

오스트레일리아

뉴질랜드

외부에서
물을 길어 와야 하는
10가구 중 8가구에서
여성과 소녀들이
그 역할을 맡는다.

# 위생

기본적인 위생 시설을 이용할 수 있는 인구의 비율

[2017년]

- ● 25% 미만
- ● 25%~49%
- ● 50%~74%
- ● 75%~98%
- ● 99% 이상
- ● 자료 없음

인간 배설물의 안전한 처리는 전염병 퇴치에 중요하다. 기본적으로 사람들은 분뇨와 접촉하지 않아야 하고, 화장실은 다른 가구와 공유하지 않는 것이 이상적이다.

물이 인간의 배설물 처리에 필수적인 것은 아니지만, 배변 후 깨끗한 물로 손을 씻으면 질병 예방에 효과적이다. 30개 나라에서는 전체 학교의 절반 이상이 위생적인 화장실을 갖추지 못한 상황이다.

# 비위생적인 학교

😞 식수, 위생 시설, 손 씻기 시설이 없는 학교가
50% 이상인 곳
(2016년)

러시아

카자흐스탄

몽골

아제르바이잔
조지아
아르메니아

우즈베키스탄
투르크메니스탄
😞 타지키스탄

키르기스스탄

북한
대한민국

일본

마셜 제도

키프로스
레바논
이스라엘
팔레스타인

시리아
이라크
요르단

이란

아프가니스탄

중국

키리바시
투발루

집트

쿠웨이트
바레인
카타르
아랍에미리트
😞 사우디
아라비아
오만
😞 예멘

파키스탄

네팔

부탄

인도

방글라데시
미얀마

😞 라오스

홍콩 특별행정구(중국)

아메리칸사모아(미국)

바누아투

😞 수단

타이
😞 캄보디아

베트남

필리핀

😞 수단
😞 에티오피아
지부티

😞 우간다
😞 르완다
😞 부룬디

소말리아

케냐

스리랑카

😞 몰디브

통가

말 레 이 시 아

싱가포르

😞 탄자니아

😞 코모로

😞 말라위
😞 브웨
😞 모잠비크

😞 마다가스카르

인 도 네 시 아

동티모르

파푸아
뉴기니

😞 솔로몬 체도

스와질란드
레소토

**24개 국가**에서는
**20%** 이상의 사람들이
**야외에서 용변을
해결해야 해서**
지역 사회의 보건에
중대한 위협이 되고 있다.

오스트레일리아

뉴질랜드

# 병에 걸린 사람들

아이슬란드

노르웨이
스위
덴마크
캐 나 다
아일랜드 영국
네덜란드 독일
벨기에 체코
**불가리아, 라트비아,**
룩셈부르크 오스트
**리투아니아**
프랑스 스위스
크로아테
질병 부담이 가장 큰
슬로베니아 몬테
유럽연합(EU) 회원국
포르투갈
스페인
이

미 국
튀니지

모로코

멕시코
바하마
알제리
쿠바
자메이카
도미니카공화국
카보
베르데
모리타니
말리
아이티
벨리즈
니제르
과테말라 온두라스
세네갈
엘살바도르 니카라과
세인트빈센트그레나딘 앤티가바부다
감비아 기니 부르키나 파소
세인트루시아
기니비사우
코스타리카 그레나다 바베이도스
나이지리아
파나마 트리니다드토바고
시에라리온 코트디
베네수엘라
라이베리아 부아르
가이아나
콜롬비아
카메룬
수리남
적도 기니
에콰도르
**시에라리온** 상투메 가봉
프린시페 콩고
르완다와 함께
페루
2000~2016년 가장 큰
진전이 있었던 국가
브 라 질

볼리비아

파라과이
**중앙아프리카공화국**
칠레 아르헨티나
질병 부담이 가장 큰 국가
우루과이

**쿠바**

미국보다 약간 덜한
질병 부담

질병에 걸리면 일을 할 수 없게
되거나 자기 자신을 돌볼 수 없게
되기도 한다. 세계보건기구가 질병
부담을 척도화하는 데 사용하는
'장애보정생존연수(DALY)'는 건강을
잃은 채 살아온 연수를 의미한다. 21세기
들어 질병 부담은 경감되는 추세인데,
실제로 전 세계에서 DALY가 가장 길었던
사하라 이남 아프리카 지역에서도 질병
부담이 44%나 감소했다.

# 국가의 질병 부담

인구 100명당 장애보정생존연수(DALY)
(2016년)

장애보정생존연수(disability-adjusted life year, DALY)는 질병, 장애,
조기 사망 등으로 인해 손실된 연수를 측정하는 수치다.

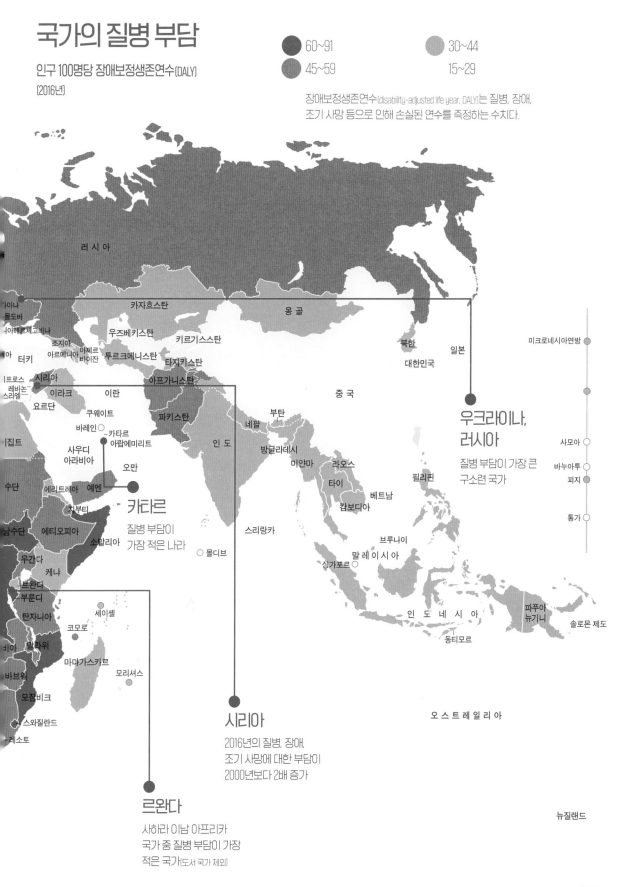

러 시 아

카자흐스탄

몽 골

우즈베키스탄

키르기스스탄

북한

일본

미크로네시아연방

조지아
아르메니아
아제르
바이잔
투르크메니스탄

타지키스탄

대한민국

사모아

몰도바

보스니아헤르체고비나

터키

시리아

아프가니스탄

중 국

바누아투

러시아

피지

키프로스
레바논
이스라엘

이라크

이란

네팔

부탄

파키스탄

요르단

쿠웨이트

통가

바레인 ○ 카타르
아랍에미리트

인 도

방글라데시

미얀마

라오스

이집트

사우디
아라비아

오만

타이

베트남

필리핀

## 우크라이나,
## 러시아

질병 부담이 가장 큰
구소련 국가

수단

에리트레아

예멘

캄보디아

## 카타르

질병 부담이
가장 적은 나라

지부티

스리랑카

브루나이

남수단

에티오피아

소말리아

말 레 이 시 아

싱가포르 ○

우간다

케냐

○ 몰디브

르완다
부룬디

탄자니아

세이셸

코모로

인 도 네 시 아

파푸아
뉴기니

솔로몬 제도

비아

말라위

마다가스카르

동티모르

바브웨

모리셔스

모잠비크

## 시리아

2016년의 질병, 장애,
조기 사망에 대한 부담이
2000년보다 2배 증가

스와질란드

레소토

오 스 트 레 일 리 아

## 르완다

사하라 이남 아프리카
국가 중 질병 부담이 가장
적은 국가(도서 국가 제외)

뉴질랜드

# 지구의 건강

인류는 자연과의 관계를 심하게 훼손해 왔다. 지난 200년 동안 인류는 더 많은 사람이 그 어느 때보다 더 오래 사는 진보를 이루었고, 선조들보다 훨씬 높은 삶의 질을 누리며 살고 있다. 하지만 인류의 성공은 많은 부작용을 초래하고 있다.

인간의 활동 영역이 엄청나게 확장되면서 육지의 75%가 크게 달라졌고, 해양의 66%가 큰 영향을 받았으며, 습지의 85% 이상이 사라졌다. 또한 인류에 의해 많은 생물종이 멸종 위기에 처해 있다. 전례가 없을 정도로 생물 다양성(biodiversity)이 급격하게 감소하는 중이다.

경제 생산량이 급증하며 수십억 톤의 이산화탄소와 온실가스가 대기에 배출되었다. 자연법칙에 따라 이러한 물질은 기후 변화를 가속하여 지구의 평균 온도를 높이고 있다.

인간이 배출한 유해 물질로 대기가 오염되고 지구 온난화가 더 악화되면서 기후 위기는 전 세계적 현상이 되었다. 생산량이 증가하면서 발생한 엄청난 양의 폐기물을 무책임하게 배출한 결과 환경이 급속도로 파괴되고 있다. 그리고 우리가 감당할 수 있는 것보다 더 많은 물을 사용하고 또 낭비하고 있어서 향후 10년 안에 세계 인구의 절반이 심각한 물 부족 현상을 겪게 될 것이다.

각각의 환경 문제가 어떻게 상호작용하여 어떤 현상을 일으킬지 우리는 아직 모르고 있다. 자연에 의존해야만 생존하고 생활을 유지할 수 있는 인간이지만, 우리는 자연에 대해 무지하고 자연을 함부로 대했다. 자연에 기대면서도 자연을 정복하려는 이중적 태도를 취해 왔다.

환경 문제에 대한 경각심이 높아지면서 다양한 조치가 취해지고 있다. 비닐봉지 사용 금지, 저탄소 기반 시설에 대한 정부 지원 인센티브 제공, 산업화로부터 바다와 육지 보호, 생태 복원 자금 조성 등의 조치는 국제적 협력을 통해 광범위하고 신속하게 진행되어야 한다.

환경 문제 해결을 위한 다양한 조치들이 효과를 내려면 경제 시스템과 인류의 소비 행태에 근본적인 변혁이 동반되어야 한다. 기득권 세력은 자신들의 특권을 약화할 것으로 보이는 변화에 반대할 가능성이 크다. 하지만 그들도 자연의 일부일 뿐이고, 환경이 파괴되면 그들의 삶도 위태로워진다. 문제 해결을 위한 도구는 이미 제시되었고, 이제 관건은 그 도구를 사용할 수 있는 지성과 실천적 의지다.

# 경계를 넘어서

이제 지구는 인간의 활동을 감당할 수 있는 한계에 거의 다다른 듯하다. 세계 인구 증가와 농공업의 발달로 더 많은 천연자원이 소비되면서 인간이 자연환경에 미치는 영향력은 계속 커지고 있다.

전례가 없었기에 인류가 환경에 끼치는 영향이 전체적으로 어떤 결과를 가져올지는 미지수다. 그 결과가 아주 심각해지기 전에는 우리가 어디까지 갈 수 있을지 누구도 명확히 알 수 없다. 기후 변화, 생물 다양성 감소 등 여러 문제에 대한 개별적 접근이 있었지만, 그 문제들의 상호작용 결과에 대해서는 제대로 알려진 바가 없기 때문이다.

다국적 과학자 집단은 우리가 위험에 얼마나 가까이 와 있는지 정량화하기 위해 '지구 위험 한계선(Planetary Boundaries)'이라는 개념을 고안했다. 모든 경계선이 측정되지 않았고, 모든 과학자가 개념과 정의, 측정 방법에 동의한 것은 아니지만, 새로운 아이디어는 핵심 문제를 푸는 열쇠가 된다. 경계 안에서 인간은 어느 정도 안전하게 살아간다. 만약 우리가 경계를 벗어난다면 어떤 일이 펼쳐질지 알 수 없다. 이 과학자 집단에 따르면 인류는 이미 5개 범주에서 경계선을 넘어섰고, 그중 2개는 고위험 영역으로 옮겨 간 상황이다. 그래도 더 이상 경계를 넘지 않도록 조치할 시간이 아직은 남아 있다.

## 한계의 범주

| | 측정 기준 | 측정된 경계선 |
|---|---|---|
| 생물 다양성 | 기능적 다양성 | 아직 평가되지 않음 |
| | 유전적 다양성 | 연간 1백만 종당 10종 미만의 멸종률 |
| 기후 변화 | 대기 중 이산화탄소 | 350ppm |
| 해양 산성화 | 해양에서의 아라고나이트(Aragonite) 고갈 여부 | 산업화 이전 수준의 80% 이상으로 감소 |
| 성층권 오존층 파괴 | 성층권의 오존 농도 | 산업화 이전 수준에서 5% 이하로 감소 |
| 생물지구화학적 순환 | 바다로 흘러가는 인 | 연간 1,100만 톤 |
| | 대기로 사라진 질소 | 연간 6,200만 톤 |
| 담수 소비 | 최대 사용량 | 연간 4,000km$^3$ |
| 토지 이용 변화(삼림 파괴) | 본래 산림 면적 대비 산림 지대의 면적(%) | 지표면의 75% |
| 대기 중 에어로졸 농도 증가 | 대기 중의 입자 | 아직 측정되지 않음 |
| 신물질 오염 | | 아직 측정되지 않음 |

# 지구 위험 한계선

각 한계 범주가 안전한 범위에 있거나 경계를 벗어난 정도에 대한 평가
(2015년)

안전 영역
불확실 영역(위험 증가)
고위험 영역

안전 영역의 경계선
불확실 영역의 경계선

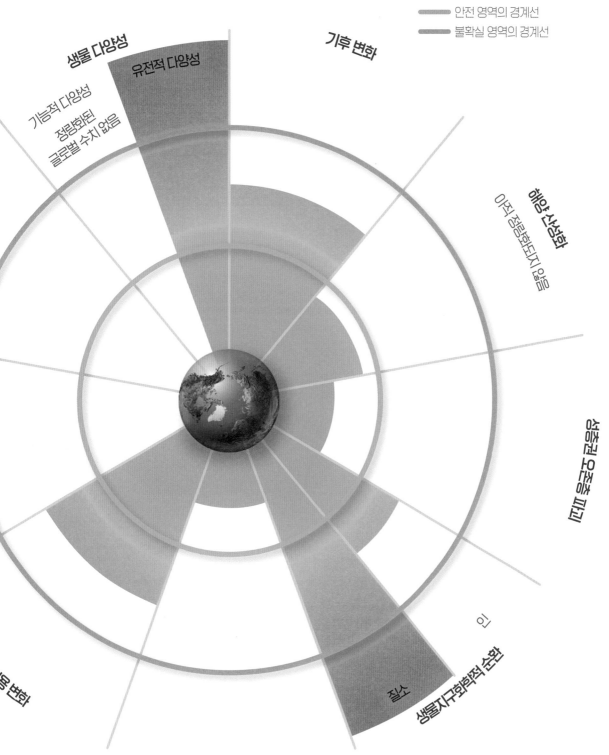

생물 다양성

유전적 다양성

기후 변화

기능적 다양성
정량화된
글로벌 수치 없음

해양 산성화
아직 정량화되지 않음

성층권 오존층 파괴

물 변화

질소

인

생물지구화학적 순환

담수 소비

# 생물 다양성 감소

그린란드(덴마크)

아이슬란드　페로 제도

노르웨이　스웨덴
덴마크
아일랜드　영국
네덜란드　독일
벨기에　체코공
룩셈부르크
스위스　오스트리
프랑스
포르투갈
슬로베니아　몬테네
스페인
크로아티아　알
이탈

튀니지

모로코

알제리

서사하라
(모로코)

카보
베르데
모리타니　말리
니제르
세네갈
감비아　부르키나
기니비사우　기니　파소
나이지리아
시에라리온　코트디
부아르
라이베리아

캐 나 다

미 국

멕시코

벨리즈　자메이카
과테말라　온두라스
엘살바도르
니카라과
코스타리카
파나마

버뮤다 제도(영국)

바하마

쿠바

아이티

터크스 케이커스 제도(영국)

도미니카
공화국　푸에르토리코(미국)

앤티가바부다
세인트키츠네비스　과들루프(프랑스)
도미니카
세인트루시아
바베이도스
그레나다　세인트빈센트그레나딘
트리니다드토바고

베네수엘라　가이아나
콜롬비아　수리남
프랑스령 기아나(프랑스)

에콰도르

페루

브 라 질

볼리비아

파라과이

칠레　아르헨티나

우루과이

적도
기니
상투메
프린시페
가봉
콩고

카메룬

세인트헬레나 어센션
트리스탄다쿠냐

나미

남

국제자연보전연맹(IUCN)은 멸종
위기에 처한 종을 위급종(Critically
Endangered, CR), 위기종(Endangered, EN),
취약종(Vulnerable, VU)으로 분류하고
있다.

포클랜드 제도(영국)

남극 대륙

# 위협받는 포유류, 조류, 양서류

멸종 위기에 처한 종의 수
(2019년)

● 100종 이상
● 50~99종
● 25~49종
● 10~24종
● 10종 미만
○ 자료 없음

🐦 50종 이상의 조류가
멸종 위기에 처함

🦇 50종 이상의 양서류가
멸종 위기에 처함

🐻 50종 이상의 포유류가
멸종 위기에 처함

곾(미국)
북마리아나 제도(미국)
미크로네시아연방
마셜 제도
팔라우
나우루
키리바시
투발루
토켈라우 제도

사모아

바누아투
피지
쿡 제도(뉴질랜드)
니우에(뉴질랜드)
통가
누벨칼레도니(프랑스)
프랑스령 폴리네시아(프랑스)

# 생물 다양성

생물 다양성은 생물종(Species)의 다양성, 같은 종 내의 유전적 다양성 그리고 각각의 종들이 서식하는 생태계의 다양성을 총체적으로 지칭하는 말이다. 인간의 활동은 그 어느 때보다도 많은 생물종을 세계적 멸종 위기로 몰아넣고 있으며, 실제로 생물 다양성은 인류 역사상 가장 빠르게 감소하고 있다.

모든 생물종을 조사하고 집계한 것은 아니지만, 생물 다양성 훼손 속도를 늦추기 위한 조치를 취하지 않는다면 수십 년 내에 약 100만 종이 멸종할 것으로 추정된다. 적극적으로 대책을 마련하지 않는다면 생물종은 더 빨리 사라질 것이다. 이미 지난 1천만 년 동안의 생물 멸종 평균 속도보다 수십 배, 아니 수백 배 더 높은 수준이다.

생물 다양성 감소는 인류의 건강에도 문제를 일으킨다. 생물 다양성은 경제적, 사회적, 의학적으로도 중요한 가치가 있다. 40억 명에 달하는 인류가 건강을 지키기 위해 주로 천연 의약품에 의존하고 있다. 암 치료용 약물의 약 70%는 천연 약품이거나 자연에서 얻은 재료를 원료로 합성한 것이다. 우리가 먹는 식량 작물의 75% 이상이 곤충, 조류, 포유류에 의한 수분(受粉)을 통해 열매를 맺는데, 다양한 과일과 채소 그리고 커피, 코코아, 아몬드 같은 주요 상품작물이 모두 이러한 과정을 거친다.

인공위성 자료를 분석한 결과, 지구상에는 우주의 은하수에 있는 별보다 더 많은 나무가 서식하고 있는 것으로 추정되었다. 총 3조 그루로, 이는 1인당 400그루에 해당한다. 하지만 지금은 예전보다 줄어들었다. 1900년 이래로 전체 삼림 면적의 약 20%에 해당하는 390만 평방마일(1천만km²)이 사라졌다.

숲은 매우 중요하다. 전 세계의 20억 명 이상이 숲의 나무를 태워 에너지원으로 사용한다. 또한 숲은 탄소를 흡수하고 산소를 배출해 인간이 숨 쉬며 살아갈 수 있도록 지구의 자연적 균형을 잡아 준다.

2000년 이후 전 세계의 삼림 손실률은 20세기보다 80%나 감소하는 등 삼림 파괴가 둔화되는 추세였으나 그 상황은 지역마다 다르다. 중국, 미국, 러시아의 온대 및 아한대 숲에서는 새로운 나무를 심고, 열대 및 아열대 숲의 일부를 재생하는 소규모 프로젝트가 진행되고는 있지만, 브라질, 인도네시아, 콩고의 생물 다양성이 높은 열대 우림이 파괴되는 속도와 추세는 환경 보존 및 복원 노력을 압도한다.

생물 다양성 측면에서 볼 때 새로 심은 나무는 오래된 나무를 대체하기에는 역부족이다. 나무를 새로 심기보다는 이미 조성된 삼림을 파괴하지 않고 보존하는 편이 훨씬 낫다.

# 멸종 위기종

국제자연보전연맹이 측정한 멸종 위기종 비율

(2019년)

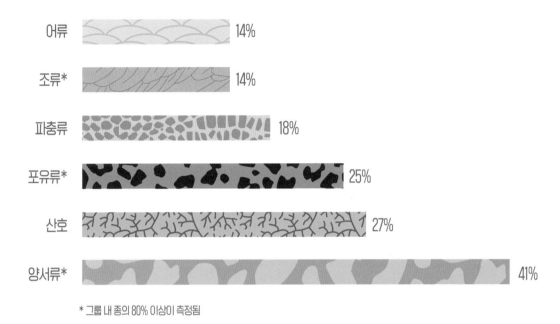

| | |
|---|---|
| 어류 | 14% |
| 조류* | 14% |
| 파충류 | 18% |
| 포유류* | 25% |
| 산호 | 27% |
| 양서류* | 41% |

\* 그룹 내 종의 80% 이상이 측정됨

# 파괴된 숲, 조림된 숲

숲이 무성한 상위 10개 국가

(2000~2015년)

단위: km²

| 브라질 | 인도네시아 | 콩고민주공화국 | 오스트레일리아 | 페루 | 캐나다 | 인도 | 러시아 | 미국 | 중국 |
|---|---|---|---|---|---|---|---|---|---|
| -277,360 | -83,990 | -46,710 | -40,900 | -21,740 | -7,330 | +52,920 | +56,620 | +65,590 | +313,208 |

# 보호 구역

전체 토지 면적 대비

육상 보호 구역(지정 구역 1,000헥타르 이상)의 비율

(2018년)

**범례**
- 30% 이상
- 20%~29%
- 10%~19%
- 10% 미만

## 지속 가능한 생계 수단

8,500km²의 루칸루카(Rhukanrhuka) 시립 보호 구역은 야생동물이 많이 사는 베니(Beni) 초원의 일부를 포함한다. 지역 농부와 목장주는 보호 구역 관리를 돕고, 그 목적에 맞춰 자신들의 생계를 꾸릴 수 있었다. 보호 구역 운영 초기 단계에서의 성공은 토지를 보유한 더 많은 사람을 끌어들였다.

## 지역 공동체 관리

2007년부터 지역 공동체가 비정부기구(NGO)의 도움을 받아 겔레-겔레(Gele-Gele) 보호 구역을 관리했다. 그 결과 이 지역은 인근 지역보다 삼림 벌채를 획기적으로 줄일 수 있었다.

러시아

카자흐스탄

몽골

우즈베키스탄

키르기스스탄

조지아
아르메니아
아제르
바이잔
투르크메니스탄

타지키스탄

북한

대한민국

일본

중국

괌(미국)

미크로네시아연방
마셜 제도
팔라우

키리바시
투발루

사모아

바누아투
피지

통가
누벨칼레도니(프랑스)

홍콩 특별행정구(중국)

키프로스
레바논
이스라엘
팔레
스타인
시리아
이라크
요르단
이란
아프가니스탄

쿠웨이트
바레인
카타르
아랍에미리트
파키스탄

이집트

네팔
부탄

사우디
아라비아
오만
인도
방글라데시
미얀마
라오스
필리핀

수단
에리트레아
예멘
타이
베트남
캄보디아

지부티

남수단
에티오피아

소말리아

우간다
케냐

르완다
부룬디
탄자니아

코모로

세이셸

스리랑카

몰디브

브루나이

싱가포르

말 레 이 시 아

인 도 네 시 아

파푸아
뉴기니
솔로몬 제도

## 보존을 위한 대중의 인식 변화

아프리카에서 가장 심각한 멸종 위기에 놓였던 육식동물인 에티오피아 늑대는 서식지 보존과 사냥 감소 덕분에 다시 개체 수가 늘기 시작했다.

말라위

바브웨

모잠비크

마다가스카르

모리셔스

스와질란드

레소토

동티모르

오스트레일리아

## 산림 보호의 이점

숲 면적 증가와 산림 보호 덕분에 멸종 위기에 처했던 로드리게스 과일박쥐(Rodrigues fruit bat)의 개체 수가 1970년대 70~100마리에서 오늘날 25,000마리 이상으로 회복됐다.

뉴질랜드

# 수자원

지구 전체로 보면 담수가 풍부하지만, 다른 천연자원과 마찬가지로 그 분포가 고르지 않다. 또한 인류는 점점 더 빠른 속도로 수자원을 고갈시키는 중이다. 물은 개인적 용도 외에도 식품 생산, 도로와 건물 건설, 전자 부품 제조 등 산업 공정 전반에서 꼭 필요한 자원이다.

담수는 예측할 수 없는 자원이지만, 건강한 토양과 식생에 필수적이다. 자연적으로 재충전되는 양보다 더 많은 양의 담수가 빠져나가면 토양, 식생, 동식물의 생존 등 환경 전반에 큰 영향을 미친다. 유엔은 재생 가능한 공급량의 25% 이상을 사용하는 나라를 '물 스트레스(water-stressed) 국가'로, 70% 이상을 사용하면 '심각한 물 스트레스 국가'로 분류한다.

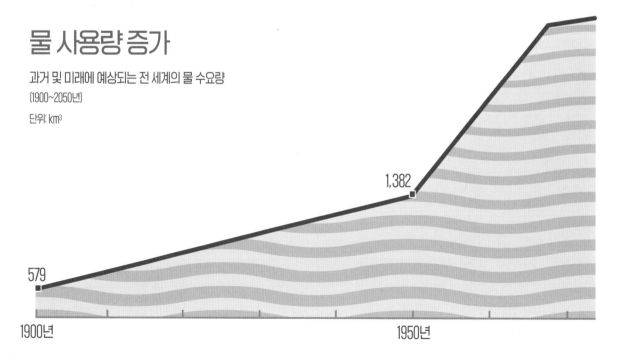

전 세계의
물 사용 용도
농업용수: **69%**
공업용수: **19%**
가정용수: **12%**

## 물 사용량 증가

과거 및 미래에 예상되는 전 세계의 물 수요량
(1900~2050년)

단위: km³

1,382

579

1900년

1950년

한 나라가 재생 가능한 담수를 충분히 공급받고 있는지의 여부는 부유한 상류층의 생활 방식에는 별 영향을 끼치지 않는 것 같다. 많은 나라에서 강수나 하천, 호수에 있는 물보다 더 많은 양의 물을 사용한다. 한편 북아프리카 등 강수량이 적은 지역에서는 수천 년간 자연적으로 형성된 대수층(지하수를 함유한 지층)에 고여 있는 물을 계속 끌어다 쓰며 부족한 물을 보충해 왔다. 건조한 중동 지역에서는 에너지 소비가 많고 발전 비용도 비싼 담수화 발전소를 통해 부족한 물을 보충하고 있어 지역 환경에도 부정적인 영향을 미치고 있다.

대부분의 선진국은 물이 풍족한 나라에서 생산된 식품과 다양한 상품을 수입함으로써 물 부족 문제를 해결한다. 심각한 물 부족 현상을 겪고 있는 인도 북부 및 중국 일부 지역에서는 악화되는 상황에 적극적으로 대비하고 있다. 실제로 발 빠른 인도와 중국 투자자들은 에티오피아처럼 물이 풍부한 나라들의 광활한 경작지를 매입해 놓았다.

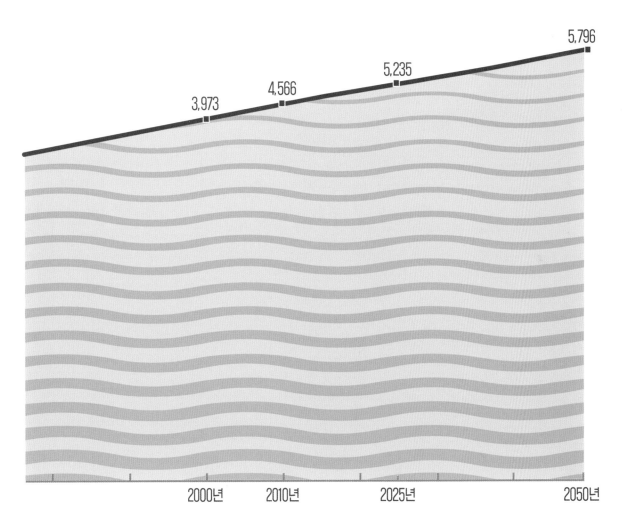

# 수자원 이용

가정용, 공업용, 환경용으로 소비한 1인당 연간 물 사용량

(2002~2017년

이용 가능한 최신 자료)

단위: ㎥

아이슬란드

노르웨이 · 스웨덴 · 핀란드

에스토니아

라트비아

덴마크 · 러시아 · 리투아니아

아일랜드 · 영국

네덜란드 · 독일 · 폴란드 · 벨라루

벨기에

룩셈부르크 · 체코공화국 · 슬로바키아 · 두

오스트리아 · 헝가리 · 루마니

프랑스 · 스위스 · 슬로베니아 · 보스니아헤르

크로아티아 · 세르비아

포르투갈 · 몬테네그로 · 불가리

스페인 · 알바니아 · 북마케

이탈리아

그리스

튀니지

모로코

알제리

캐나다

모리타니 · 말리

멕시코 · 쿠바

세네갈 · 니제르

아이티

자메이카 · 부르키나파소

미국

과테말라 · 온두라스 · 시에라리온 · 코트디 · 나이지리아

엘살바도르 · 니카라과 · 부아르

코스타리카

파나마 · 베네수엘라

콜롬비아 · 가이아나 · 상투메 · 가봉

수리남 · 프린시페 · 콩고

에콰도르

페루

브라질

볼리비아

파라과이

칠레 · 아르헨티나

도미니카
공화국

푸에르토리코(미국)

세인트키츠네비스 · 앤티가바부다

아이티 · 도미니카

세인트빈센트그레나딘 · 세인트루시아

그레나다 · 바베이도스

트리니다드토바고

러시아

카자흐스탄

아제르바이잔
조지아
아르메니아
터키
우즈베키스탄
투르크메니스탄
타지키스탄
키르기스스탄

몽골

북한
대한민국
일본

프로스
레바논
엘
케스타인
요르단
쿠웨이트
바레인
카타르
아랍에미리트
시리아
이라크
이란
파키스탄

이집트

수단

사우디
아라비아
오만
예멘

네팔
부탄

인도
방글라데시

중국

라오스
타이
베트남
캄보디아
필리핀

남수단

에리트레아

에티오피아

스리랑카

우간다

소말리아

몰디브

케냐

말레이시아

탄자니아

세이셸

인도네시아

파푸아
뉴기니

비아
말라위

동티모르

짐바브웨

마다가스카르

모리셔스

모잠비크

오스트레일리아

카

뉴질랜드

1,000~5,739    100~499    자료 없음
500~999    100 미만

195

# 물 부족

가용 수자원 대비 사용 중인 담수의 비율

(2002~2017년

이용 가능한 최신 자료)

아이슬란드

노르웨이　스웨덴　핀란드

에스토니아

라트비아

덴마크　러시아　리투아니아

아일랜드　영국

네덜란드　독일　폴란드　벨라루스

벨기에　우ㅡ

룩셈부르크　체코공화국　슬로바키아

오스트리아　헝가리　루마니아

프랑스　스위스　슬로베니아　보스니아헤르

크로아티아　세르비아

포르투갈　이탈리아　불가리아

스페인　알바니아　북마케도니

그리스

캐나다

미국

멕시코　쿠바

아이티

도미니카
공화국　푸에르토리코(미국)

세인트키츠네비스　앤티가바부다

도미니카

세인트빈센트그레나딘　세인트루시아

그레나다　바베이도스

트리니다드토바고

자메이카

과테말라　온두라스

엘살바도르

니카라과

코스타리카

파나마

콜롬비아

에콰도르

페루

볼리비아

칠레　아르헨티나

파라과이

브라질

베네수엘라

가이아나

수리남

튀니지

모로코

알제리

모리타니　말리　니제르

세네갈

부르키나

나이지리아

파소

시에라리온　코트디

부아르

더

쁘

중앙

상투메

프린시페

가봉

콩고

나미

196

70% 이상 심각한 물 스트레스 국가    25%~69% 물 스트레스 국가    24% 이하    자료 없음

러시아

카자흐스탄

몽골

아제르바이잔
조지아
아르메니아          우즈베키스탄
키르기스스탄
투르크메니스탄
터키                     타지키스탄          북한
대한민국          일본
로스          시리아
레바논
엘          이라크          이란          중국
스타인          요르단
쿠웨이트          파키스탄          부탄
바레인          카타르          네팔
지집트          아랍에미리트          라오스
사우디          인도          방글라데시
수단          아라비아          오만          타이
에리트레아          예멘          베트남          필리핀
캄보디아
남수단          에티오피아          소말리아          스리랑카
우간다          몰디브
케냐          말 레 이 시 아
탄자니아          파푸아
뉴기니
말라위
바브웨          마다가스카르          인 도 네 시 아
모리셔스          동티모르
모잠비크
카
오스트레일리아

뉴질랜드

# 쓰레기

쓰레기 문제는 인류가 풀어야 할 가장 큰 과제 중 하나로, 지금까지는 계속 실패해 왔다. 국가 및 지방 정부의 규제로 일부 국가에서는 비닐봉지 사용이 감소했다. 하지만 쓰레기의 절반 이상이 매립되거나 제대로 관리되지 않고 있으며, 광활한 해역에 떠다니는 미세 플라스틱 조각이 생태계를 위협하고 있다.

## 영국

대형 상점에서는 일회용 비닐봉지를 5펜스에 판매하도록 규제한 2015년 이후부터 2018년까지 비닐봉지 사용량이 90% 이상 줄었다.

## 아일랜드

2002년 1인당 평균 328장을 사용하던 비닐봉지에 부담금을 부과하자 2003년 1인당 약 20장으로 사용량이 대폭 감소했다. 이러한 효과를 지속하기 위해 부담금이 인상될 수도 있다.

## 칠레

2018년 8월, 남미 국가 최초로 일회용 비닐봉지 사용을 금지하는 법안을 통과시켰다. 사업체의 경우는 2020년 8월까지를 유예 기간으로 두었다.

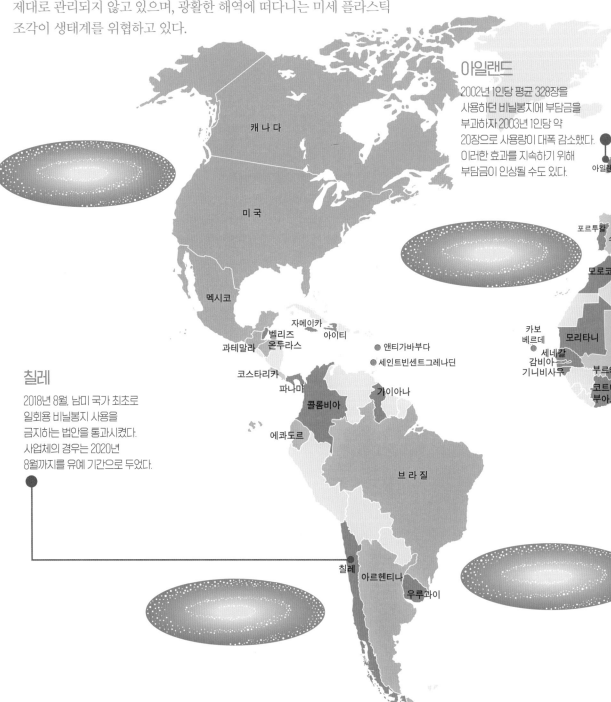

# 플라스틱 폐기물

비닐봉지 및 스티로폼 제품에 대한 규제(사용 금지, 부담금 부과 또는 법률 강화)

(2018년 현재)

**규제 도입:**
- 국가적
- 국가적 규제 발표
- 지역적

해류의 순환으로 플라스틱 폐기물이 모이는 지역

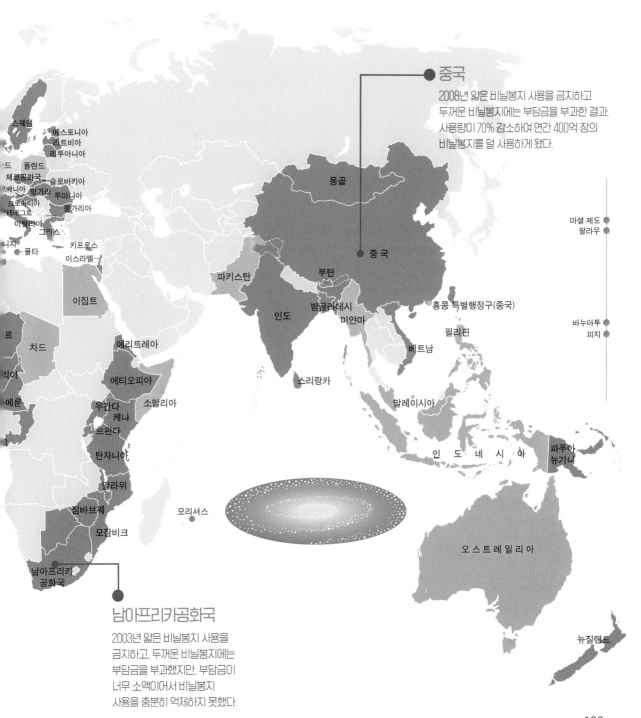

**중국**

2008년 얇은 비닐봉지 사용을 금지하고 두꺼운 비닐봉지에는 부담금을 부과한 결과, 사용량이 70% 감소하여 연간 400억 장의 비닐봉지를 덜 사용하게 됐다.

스웨덴
에스토니아
라트비아
리투아니아
드
폴란드
체코공화국
슬로바키아
베니아
헝가리
루마니아
크로아티아
테네그로
불가리아
이탈리아
그리스
니자
몰타
키프로스
이스라엘
이집트

몽골

중국

마셜 제도
팔라우

르
차드
에리트레아
파키스탄
부탄

인도
방글라데시
미얀마

홍콩 특별행정구(중국)

리아
메룬
에티오피아
소말리아
우간다
케냐
르완다
탄자니아
스리랑카
베트남
필리핀

바누아투
피지

말레이시아

말라위
모리셔스
질바브웨
모잠비크

인 도 네 시 아

파푸아
뉴기니

남아프리카
공화국

오 스 트 레 일 리 아

**남아프리카공화국**

2003년 얇은 비닐봉지 사용을 금지하고, 두꺼운 비닐봉지에는 부담금을 부과했지만, 부담금이 너무 소액이어서 비닐봉지 사용을 충분히 억제하지 못했다.

뉴질랜드

# 폐기물 발생

매년 세계는 약 20억 톤에 달하는 일반폐기물을 발생시키고 있다. 긴급 조치가 취해지지 않는다면 2050년까지 폐기물 발생량이 70% 증가할 것으로 보인다. 미국은 인구 대비 폐기물 발생량이 많은 나라로 꼽히는데, 세계 인구의 4%에 불과한 미국인은 세계 쓰레기의 12%를 배출한다.

전 세계 폐기물의 약 16%만 재활용된다. 미국의 재활용률은 35%로 세계 평균의 두 배가 넘지만, 세계에서 가장 효율적으로 재활용하는 나라인 독일(68%)에 비하면 한참 뒤처진다.

1950년 이후 전 세계적으로 83억 톤의 플라스틱이 생산된 것으로 추정되며, 너무 많은 플라스틱 폐기물이 제대로 처리되지 않아 환경을 오염시켰다. 플라스틱은 대부분 분해되는 데 400년에서 1,000년이 걸린다. 미세 플라스틱은 우리 몸을 포함해 어디에나 존재하지만, 미세 플라스틱이 인간의 건강과 환경에 미치는 영향은 아직 완전하게 드러나지 않았다.

2050년까지 **거의 모든 바닷새가 플라스틱을 섭취**하게 될 것이다.

## 플라스틱 천지

전 세계 플라스틱 생산량
(1950~2018년)
단위: 백만 톤

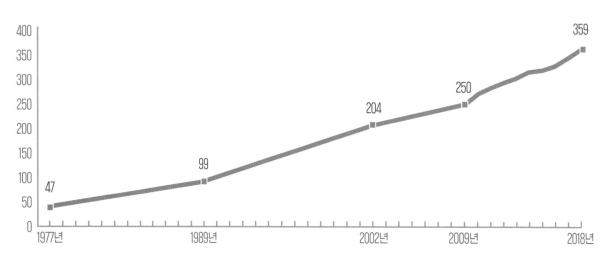

# 해양 쓰레기

미국 해양환경보호단체인 오션 컨서번시(Ocean Conservancy)가 주최하는 정화 작업에 참여한
전 세계 자원봉사자들이 가장 많이 수거한 쓰레기의 품목별 수
(1985~2018년)

7,300만 개

비닐봉지와
스티로폼 용기가
분해되는 데
최대 **1,000년**이
걸릴 수도 있다.

2,900만 개

2,400만 개

2,000만 개

1,700만 개

담배꽁초     식품 포장재     뚜껑     플라스틱
음료수병     비닐봉지

# 해양

## 상어, 가오리
유럽 해역에 서식하는 상어와 가오리의 약 40%가 멸종 위기에 처해 있다.

## 산호초
해저의 0.1%만을 차지하는 산호초에는 해양 어류의 약 25%가 서식하고 있다. 지난 150년 동안 산호초의 총면적이 절반으로 감소하면서 산호초 덕분에 홍수와 태풍으로부터 보호받고 영양분을 섭취해 온 동물과 수입을 얻고 생계를 유지해 온 인간 모두 위협받고 있다.

## 해초
해초의 면적은 지난 100년 동안 약 30% 감소했다. 해초는 해저를 안정시키고 해양 생물의 서식지가 되며, 방대한 양의 탄소를 저장한다.

## 맹그로브
침식과 폭풍으로부터 해안을 보호하고 해양 생물의 서식지가 되어 온 맹그로브는 이산화탄소 흡수원이기도 한데, 지난 세기 약 30%나 감소했다.

## 북대서양참고래
북대서양참고래는 300~350마리밖에 남아 있지 않은 것으로 알려져 있다.

아이슬란드
아일랜드
캐 나 다
미 국
포르투갈  스페인
모로코
멕시코
모리타니
버뮤다 제도(영국)
바하마
쿠바
도미니카공화국
아이티
생마르탱
신트마르턴
세네갈
감비아
기니비사우
기니
벨리즈
자메이카
과테말라  온두라스
엘살바도르  니카라과
바베이도스
시에라리온
라이베리아
코트디부아르
코스타리카
트리니다드토바고
파나마
베네수엘라
가이아나
콜롬비아
에콰도르
페루
브 라 질
칠레  아르헨티나
우루과이

2020년 2월 현재, 지구 해양의 8%가 보호 구역으로 지정되어 있다.

## 해양 데드 존
산업 폐수와 기후 변화로 인해 산소 농도가 매우 낮은 '데드 존(dead zone)'이 연안 해역에 최소 500개 이상 생겼는데, 이는 1950년 이후로 10배나 증가한 것이다. 대부분의 해양 생물은 이러한 조건에서 살 수 없고 일부 미생물만 생존 가능한데, 이 미생물들은 이산화탄소보다 300배 더 강력한 온실가스를 뿜어낸다.

# 해양 보호

## 국가의 영해에서 해양 보호 구역이 차지하는 비율
[2018년]

| | |
|---|---|
| ⬤ 83% 이상 | ⬤ 11%~30% |
| ⬤ 31%~50% | ⬤ 1%~10% |
| ⬤ 국지적 | ⬤ 영해 없음 또는 자료 없음 |

핀란드
웨덴
에스토니아
라트비아
리투아니아
폴란드
우크라이나
루마니아
슬로베니아
보스니아헤르체고비나
불가리아
조지아
몬테네그로
그리스
터키
키프로스
레바논
이스라엘
몰타
시리아
이라크
요르단
리비아
이집트
바레인
쿠웨이트
카타르
아랍에미리트
사우디아라비아
오만
수단
에리트레아
예멘
지부티

러 시 아
카자흐스탄
아제르바이잔
투르크메니스탄
이란
파키스탄
인 도
방글라데시
미얀마
중 국
북한
대한민국
일본

마셜 제도 ⬤
팔라우 ⬤
키리바시 ○
아메리칸사모아(미국) ⬤
피지 ⬤
통가 ⬤
누벨칼레도니(프랑스) ⬤

콩고
민주
공화국
탄자니아
앙골라
나미비아
케냐
모잠비크
마다가스카르
남아프리카
공화국

스리랑카
몰디브

타이
캄보디아
베트남
브루나이
말 레 이 시 아
필리핀

인 도 네 시 아
동티모르

피푸아
뉴기니

오 스 트 레 일 리 아

뉴질랜드

## 고래상어

국제 시장에서 고가에 거래되는 고래상어는 무차별적이고 불법적인 어획으로 멸종 위기에 처해 많은 나라에서 어획이 금지돼 있다.

## 해삼

해삼은 퇴적물을 뒤집고 영양분을 재활용함으로써 수질 유지에 기여한다. 아시아에서 인기 있는 고급 식재료인 해삼은 최근 몇 년간 급감했다.

## 대왕고래

지구상에서 가장 큰 동물인 대왕고래는 멸종 위기에 처해 10,000~25,000마리 정도밖에 안 남았다.

## 해양 산성화

산업혁명 이후 배출된 이산화탄소의 약 3분의 1이 바다에 흡수됐다. 그 결과 해양의 산성도가 약 28% 높아졌고, 특히 산호와 조개류에 큰 피해를 주었다.

# 에너지

모든 것은 에너지로 움직인다. 국가가 부유해짐에
따라 경제적 기반이 천연자원 및 공업 중심에서
정보 및 서비스 산업 중심으로 전환될 때까지 더
많은 에너지가 사용된다.

# 에너지 사용

(2015년 또는 이용 가능한 최신 자료)

**연간 총 사용량**

◯ = 석유 1천만kg 상당

**1인당 소비량**

석유 kg 상당

● 5,000kg 이상　　　○ 1,000~2,999kg

● 3,000~4,999kg　　○ 1,000kg 미만

△ ▽ 2009~2014년 1인당 에너지 사용량 변화율

노르웨이　스웨덴　핀란드

덴마크

러시아 연방

▲ 9% 증가

폴란드　벨라루스

독일

우크라이나

슬로바키아

헝가리

카자흐스탄

오스트리아

루마니아

투르크메니스탄

아제르바이잔

우즈베키스탄

불가리아

터키

세르비아

시리아　이라크

리스

이란

파키스탄

네팔

방글라데시

북한

대한민국

▲ 14% 증가

중국

▲ 26% 증가

일본

▽ 6% 감소

이스라엘

쿠웨이트

바레인

카타르

사우디
아라비아

아랍에미리트

오만

인도

▲ 17% 증가

홍콩

베트남

필리핀

타이

에티오피아

스리랑카

미얀마

말레이시아

케냐

싱가포르

인도네시아

탄자니아

웨

모잠비크

오스트레일리아

뉴질랜드

# 기후 변화

## 북극해의 빙하

최근 수십 년 동안 북극해의 빙하가 녹으면서 그 범위와 두께가 감소했다. 빙하가 녹아 바다의 면적이 확장되면 더 많은 태양열이 흡수되어 해빙을 촉진해 빙하가 더 빨리 녹는 악순환 구조가 생성될 수 있다.

## 그린란드 빙상

지구 평균 기온의 지속적인 상승으로 인해 금세기 후반 그린란드 빙상이 돌이킬 수 없을 정도로 치명적이고 불안정한 상태에 빠질 수도 있으며, 해수면 상승을 부추겨 약 4억 명의 사람들을 범람 위험에 빠트릴 것으로 예상된다. 표면 얼음의 높이가 낮아지면 더 낮은 고도에서 더 따뜻한 온도에 노출되어 빙상이 더 빨리 녹게 된다.

캐나다
2.1%

미국
24%

## 세계의 바다

이산화탄소 배출량의 약 40%를 흡수하고 저장하는 바다는 지구 기후에 큰 영향을 끼친다. 해수 온도가 상승하면 탄소 흡수량이 감소한다.

중앙아메리카 및
카리브해 지역
1.6%

남아메리카
2.7%

1750년 이후 전 세계 이산화탄소 배출량은 1조 5천억 톤에 달한다.

그중 80%인 1조 2천억 톤이 1950년 이후에 배출되었는데, 이는 1950년대부터 석유와 석탄 사용이 급증한 것에 따른 결과였다.

이산화탄소는 온실가스의 75%를 차지한다. 메탄(17%)과 아산화질소(7%)는 집약 농업으로 인해 발생하는 또 다른 주요 온실가스다. 이 가스들이 대기를 온난화시키고 있으며 그 영향력은 더 강력해질 것이다.

## 아마존 열대 우림

계속되는 삼림 벌채로 아마존 열대 우림이 파괴되어 한계점에 도달하면 스스로 재생하는 능력을 상실하고, 이산화탄소 흡수원이 아닌 배출원으로 변모할 것이다. 이 심각한 위기 상황은 2030년에서 2100년 사이에 발생할 가능성이 크다.

# 과거 배출량과 예상되는 결과

화석 연료와 시멘트 사용으로 발생하는 총 이산화탄소 배출량에서
차지하는 비중

(1950~2014년)

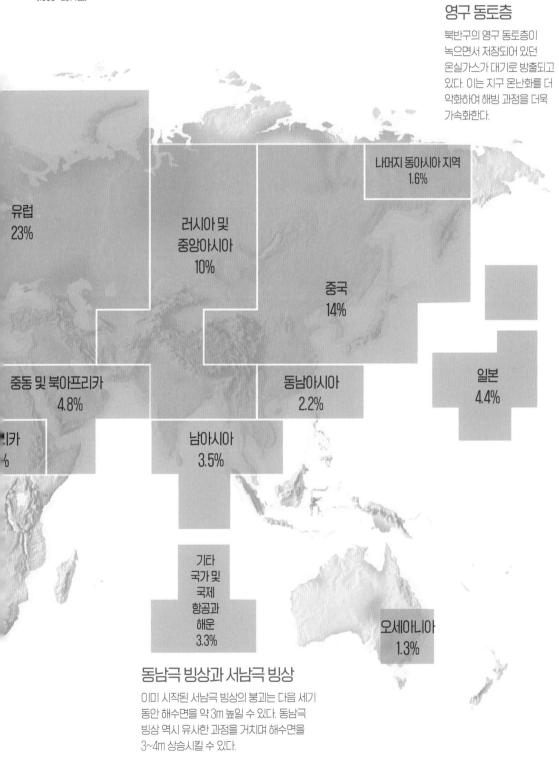

1% = 120억 3천만 톤의 이산화탄소

## 영구 동토층

북반구의 영구 동토층이
녹으면서 저장되어 있던
온실가스가 대기로 방출되고
있다. 이는 지구 온난화를 더
악화하여 해빙 과정을 더욱
가속화한다.

나머지 동아시아 지역
1.6%

유럽
23%

러시아 및
중앙아시아
10%

중국
14%

중동 및 북아프리카
4.8%

동남아시아
2.2%

일본
4.4%

|카
%

남아시아
3.5%

기타
국가 및
국제
항공과
해운
3.3%

오세아니아
1.3%

## 동남극 빙상과 서남극 빙상

이미 시작된 서남극 빙상의 붕괴는 다음 세기
동안 해수면을 약 3m 높일 수 있다. 동남극
빙상 역시 유사한 과정을 거치며 해수면을
3~4m 상승시킬 수 있다.

# 온실가스 배출량 증가의 영향

온실가스는 계속해서 대기 중에 축적되고 있으며, 그에 따른 영향은 이미 나타났다. 지구의 온도는 산업화 이전보다 평균 1℃ 상승했다. 이는 작은 변화 같지만 실제로는 엄청난 차이다. 40년 넘게 과학자들이 경고해 왔던 지구 온난화의 위험은 이제 현실로 다가왔다.

세계 여러 지역에서 기후 패턴이 변하고 있다. 오랜 가뭄과 잦은 홍수, 폭풍과 같은 극심한 기상 이변이 새로운 표준이 됐다. 과학적 시나리오에 따르면 기상 이변은 생물 다양성과 생태계의 기능에 부정적 영향을 미칠 것으로 예측된다. 지구의 평균 온도가 1.5~2℃만 상승해도 그 결과는 매우 심각할 것이다.

## 대기 중 이산화탄소

지구 대류권의 이산화탄소 농도
(1750~2020년)

단위: 백만분율(ppm)

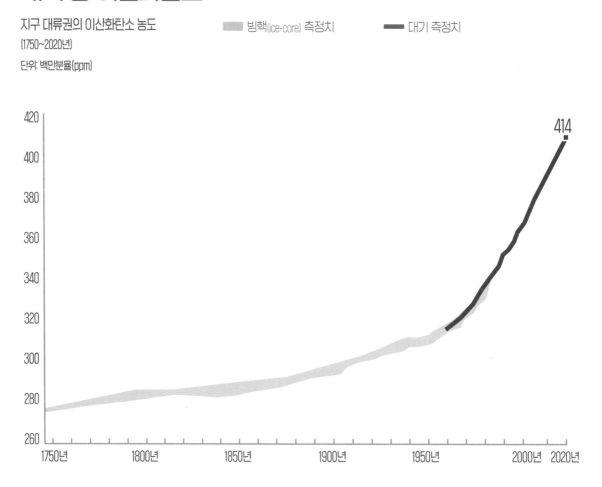

# 자연재해로 인한 인적 손실

지구 물리학적, 기상학적, 수문학적, 기후학적, 외부적 재해의 결과로 영향을 받은 사람의 수

(곤충에 의한 감염이나 질병 같은 생물학적 재해는 제외)

단위: 백만 명

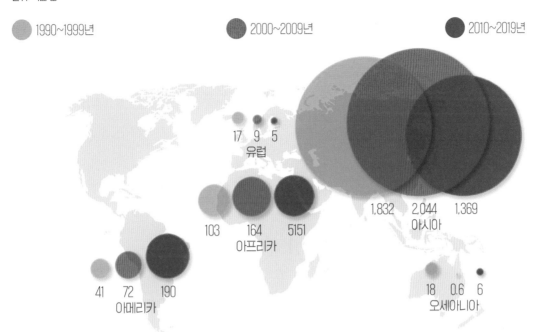

● 1990~1999년　　●　2000~2009년　　●　2010~2019년

17　9　5
유럽

103　　164　　5151
아프리카

1,832　2,044　1,369
아시아

41　72　190
아메리카

18　0.6　6
오세아니아

# 자연재해로 인한 경제적 손실

전 세계

(미국 달러)

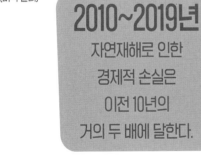

**2010~2019년**
자연재해로 인한
경제적 손실은
이전 10년의
거의 두 배에 달한다.

16억 6,600만 달러

8억 9,200만 달러

6억 9,900만 달러

1990~1999년　　　　　　2000~2009년　　　　　　2010~2019년

# 기후변화협약

2015년 파리 기후변화협약은 지구 평균 온도가 "산업화 이전 수준 대비 2℃ 이상 상승하지 않도록" 유지하고, 상승 폭을 1.5℃ 이내로 제한하기 위해 노력해야 한다는 목표를 명확히 했다.

거의 모든 나라가 이 협약의 당사국이나, 2017년 미국이 탈퇴를 발표하여 지금까지 유일하게 탈퇴한 국가가 되었다. (그러나 2021년 조 바이든이 미 대통령에 취임하자마자 파리 기후변화협약에 복귀하겠다고 선언했다. -역자주)

2018년 '기후 변화에 관한 정부 간 협의체(IPCC)'는 온실가스 배출량을 줄이기 위한 잠정적인 목표와 일정을 설정했다.

또한 이를 달성하기 위해 다양한 경제 부문에서 추진해야 할 변화를 구체적으로 제시했다.

## 배출량을 줄이기 위한 일정표

지구 온난화를 1.5℃ 이하로 제한할 확률이 66%가 되기 위해서는 세계 각국이 대대적으로 대담한 변화를 추진해야 한다.

2010년 수준 대비 배출량 변화

**총 온실가스 배출량 49Gt**

**이 중 이산화탄소 배출량 32Gt**

이산화탄소 배출량 42% 감축

총 온실가스 배출량 48% 감축

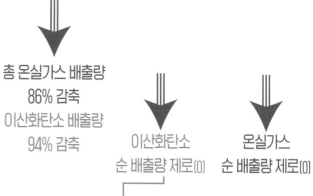

총 온실가스 배출량 86% 감축

이산화탄소 배출량 94% 감축

이산화탄소 순 배출량 제로(0)

온실가스 순 배출량 제로(0)

2010년 · 2020년 · 2030년 · 2040년 · 2050년 · 2055년 · 2060년 · 2068년

# 부문별 전환

IPCC가 1.5℃ 목표를 달성하기 위해 필요하다고 제시한 변화

| 부문 | 온실가스 배출 기술 | 재생 가능 에너지 |
|---|---|---|
| 에너지 | 1차 에너지원으로서의 석탄:<br>　75% 감축<br>1차 에너지원으로서의 석유:<br>　60% 감축 | 비바이오매스(non-biomass) 재생 에너지:<br>　570% 확대<br>에너지 관련 투자:<br>　연간 8,300억 미국 달러 이상 |
| 전력 | 석탄 화력 발전:<br>　2030년까지 70% 감축<br>　2050년까지 100% 감축 | 전체 발전량 중 재생 에너지 발전량<br>　75% 이상 확대 |
| 교통 | 석유 소비:<br>　전기차, 대중교통, 자전거 및 도보<br>　이용 확대를 통해 25%~75% 감축 | 저공해 최종 에너지:<br>　교통 부문에서의 점유율을<br>　35%~65% 수준으로 확대 |
| 산업 | 이산화탄소 배출:<br>　효율성 증가, 전기 사용, 탄소 집약<br>　적 제품 대체, 탄소 포집 및 저장<br>　방법을 통해 65%~90% 감축 | |
| 건물 | 건물에서 사용되는 에너지 중 전기의<br>비중:<br>　55%~75% 감축 | 건물의 에너지 사용 집약도:<br>　현대화, 행동 변화, 난방/환기 시스<br>　템의 효율성 증가를 통한 개선 |
| 토지 이용 | 개혁:<br>　2025~2040년까지 토지 이용<br>　시 순 배출량을 제로로 감축하<br>　고 2050년까지 역배출(negative<br>　emissions) 달성<br>　농업 부문에서 이산화탄소 이외의<br>　온실가스 배출량 감축<br>　음식물 쓰레기 감축<br>　육류 소비 감축 | 목표 달성 수단:<br>　(재)조림 확대<br>　자연 생태계 복원 및 보전 확대<br>　자원 관리 시스템 개선<br>　바이오 에너지, 탄소 포집 및 저장<br>　메커니즘의 사용 확대 |

# 녹색 지구 만들기

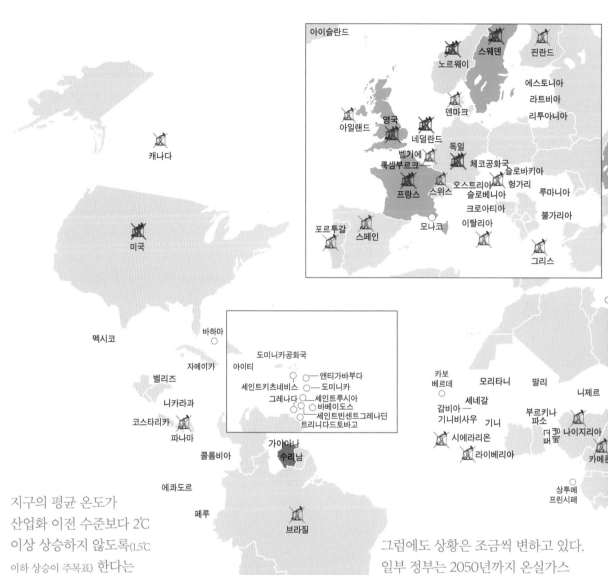

**아이슬란드**
**노르웨이** **스웨덴** **핀란드**
**에스토니아**
**라트비아**
**덴마크** **리투아니아**
**아일랜드** **영국** **네덜란드**
**독일**
**벨기에** **체코공화국**
**룩셈부르크** **슬로바키아**
**오스트리아** **헝가리** **루마니아**
**프랑스** **스위스** **슬로베니아**
**크로아티아** **불가리아**
**모나코** **이탈리아**
**포르투갈** **스페인**
**그리스**

**캐나다**

**미국**

**멕시코** **바하마**
**도미니카공화국**
**자메이카** **아이티**
**벨리즈** **앤티가바부다**
**세인트키츠네비스** **도미니카**
**니카라과** **그레나다** **세인트루시아**
**바베이도스**
**코스타리카** **세인트빈센트그레나딘**
**파나마** **트리니다드토바고**

**카보**
**베르데** **모리타니** **말리**
**니제르**
**감비아** **세네갈**
**기니비사우** **기니** **부르키나**
**파소** **나이지리아**
**시에라리온**
**콜롬비아** **수리남** **라이베리아** **카메룬**

**에콰도르**
**상투메**
**페루** **프린시페**
**브라질**

**칠레** **아르헨티나**
**우루과이**

지구의 평균 온도가
산업화 이전 수준보다 2℃
이상 상승하지 않도록(1.5℃
이하 상승이 주목표) 한다는
파리 기후변화협약의 목표와
2020년의 현실은 매우 차이가
난다. 각국 정부는 목표 달성을
위한 자체 기여도를 규정하는데, 그
설정된 목표치들을 합해 보면 지구
평균 온도가 거의 3℃ 상승할 것으로
예상된다. 설상가상으로, 설정된
목표가 아니라 실제로 행해지고 있는
추세를 보면, 2100년까지 지구 온도는
4℃ 이상 상승할 것으로 보인다.

그럼에도 상황은 조금씩 변하고 있다.
일부 정부는 2050년까지 온실가스
배출량을 제로로 하겠다는 약속을
법제화했다. 100여 개 나라에서는
목표 설정을 위한 논의가 시작됐고,
정책을 수립하고 구체적 실행
계획을 세운 나라도 있다. 세계 경제
생산량의 거의 절반을 차지하는
국가·지역·도시에서 2050년까지 탄소
순 배출량을 0으로 줄이려는 움직임이
있다. 개선하려는 노력이 시작되긴
했지만 더 속도를 내야만 한다.

# 순 배출량 제로화를 위한 공약

늦어도 2050년까지 온실가스 순 배출량 제로를 달성하려는
각국의 입법 계획

(2020년 3월 현재)

● 이미
달성한 국가

● 국가적
입법 발의

● 목표 논의 중

● 국가적
입법 제정

● 정책 문서
제안

● 공약 없음 또는
자료 없음

아르메니아

키프로스
—레바논

아프가니스탄
파키스탄

대한민국

미크로네시아연방 ○
마셜 제도 ○
팔라우 ○
나우루 ○
키리바시 ○
투발루 ○

네팔 부탄
인도 방글라데시
미얀마 라오스

사모아

바누아투
피지
쿡 제도(뉴질랜드) ○
니우에(뉴질랜드) ○
통가

수단
에리트레아 예멘
지부티

필리핀

남수단 에티오피아

캄보디아

우간다 소말리아
케냐
—르완다
—부룬디
탄자니아 세이셸

몰디브

싱가포르 ○

파푸아
뉴기니

솔로몬 제도

잠비아 말라위
코모로

마다가스카르
모리셔스

동티모르

모잠비크

|카
—레소토

오스트레일리아

# 화석 연료 투자 철회

일부 기관들이 화석 연료 기업에 대한
투자금을 회수하고 있는 국가

(2020년 3월 현재)

**투자 회수 주체:**

🛢 연금 기금, 종교 단체, 지방 정부

🛢 위의 주체들 중 두 곳

🛢 위의 주체들 중 한 곳

뉴질랜드

# 대안 탐색

화석 연료에서 배출되는 탄소로 인한 기후 변화 위기에 대한 관심이 고조되면서, 탄소 배출량을 줄이기 위한 투자가 이루어지고 다양한 대안이 모색되고 있다.

에너지 생산 방식의 장단점에 관한 논쟁은 현재 진행형이다. 원자력은 탄소 배출량 감소에는 유리하지만, 유해 폐기물을 남긴다는 치명적인 단점이 있다.

바이오 연료는 친환경적 에너지원처럼 보이지만 생산 과정에 많은 에너지가 필요하다. 특히 식량 생산용 토지를 이용하기에 실질적 이득은 얼마 되지 않을 수도 있다. 재생 가능한 에너지원인 바람, 파도, 조류, 태양 등 자연에서 에너지를 얻는 기술은 급속도로 발전하고 있는데, 특히 태양열 발전량이 급증하는 추세다.

다양한 재생 에너지원을 활용하는 기술을 발전시키는 것보다 더 확실한 핵심 대안은 결국 에너지를 덜 사용하는 것일 수 있다.

## 재생 에너지의 성장

재생 에너지 발전량과 바이오 연료 생산의 연평균 증가율
(2009~2018년)
(2011~2018년*)
(2013~2018년**)

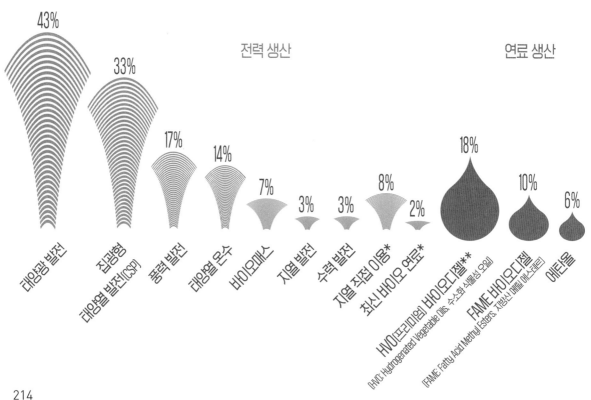

43% 태양광 발전
33% 집광형 태양열 발전(CSP)
17% 풍력 발전
14% 태양열 온수
7% 바이오매스
3% 지열 발전
3% 수력 발전
8% 지열 직접 이용*
2% 최신 바이오 연료*

전력 생산

18% HVO(프리미엄) 바이오디젤** (HVO: Hydrogenated Vegetable Oils, 수소화 식물성 오일)
10% FAME 바이오디젤 (FAME: Fatty Acid Methyl Esters, 지방산 메틸 에스테르)
6% 에탄올

연료 생산

# 녹색 이니셔티브

나무와 식물은 이산화탄소를 흡수하며, 전 세계 온실가스 배출량의 11%는 산림 파괴로 인해 발생한다. 지난 수십 년간 삼림 벌채를 줄이려고 다양한 노력을 기울여 왔는데, 최근에는 산림 보호 및 복구를 장려하고자 지역 주민에게 경제적 기회와 실질적 인센티브를 제공하는 방안이 마련되었다.

아프리카 사헬 지역에서는 2007년 사막화된 농지를 복원하기 위한 계획이 시작되었다. 1억 헥타르의 땅을 복원해 '녹색 만리장성(The Great Green Wall)'을 조성하여 2030년까지 대륙을 가로질러 5,000마일(8,000km)로 확장하는 것이 목표다. 이는 환경적 혜택을 가져올 뿐만 아니라 지역 사회의 경제와 식량 문제까지 개선하고 지역민을 위한 수백만 개의 일자리를 창출할 것이다.

## 녹색 만리장성

(2020년 3월 현재)

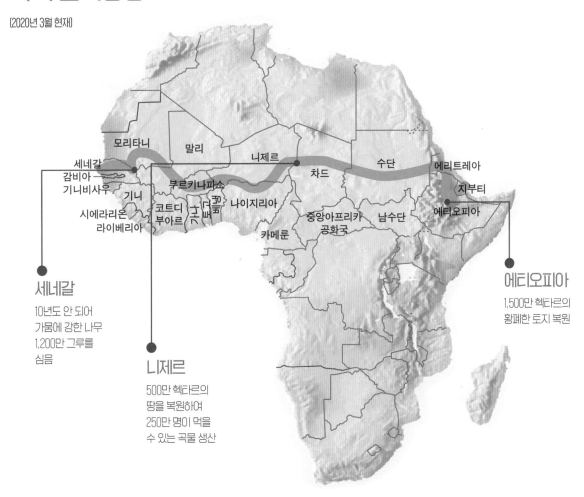

모리타니 · 말리 · 니제르 · 수단 · 에리트레아
세네갈 · 감비아 · 기니비사우 · 부르키나파소 · 차드 · 지부티
기니 · 코트디부아르 · 나이지리아 · 에티오피아
시에라리온 · 라이베리아 · 카메룬 · 중앙아프리카공화국 · 남수단

**세네갈**
10년도 안 되어 가뭄에 강한 나무 1,200만 그루를 심음

**니제르**
500만 헥타르의 땅을 복원하여 250만 명이 먹을 수 있는 곡물 생산

**에티오피아**
1,500만 헥타르의 황폐한 토지 복원

# 출처

## 우리는 누구인가

United Nations Department of Economic and Social Affairs (DESA), Population Division. World Population Prospects 2019. Retr'd 17 June 2019, population. un.org/wpp

King R. The atlas of human migration. London: Earthscan, 2010.

## 18-21 세계의 현 상황

### 주권

Heath-Brown N. The statesman's yearbook - The politics, cultures and economies of the world. London: Palgrave Macmillan; 2019.

CIA. The World Factbook. Retr'd 17 June 2019, www.cia.gov

### 국가의 형성

Encyclopedia Britannica. Retr'd 1 Oct 2019, www.britannica.com

BBC. BBC Country Profiles. Retr'd 27 Sept 2019, www.bbc.com

Heath-Brown N. op cit.

CIA. The World Factbook. Retr'd 17 June 2019, www.cia.gov

## 22-23 인구

World Demographics. Retr'd 17 June 2019, www.worldometers

### 세계 인구

UN DESA, Population Division. World Population Prospects 2019. Retr'd 17 June 2019, population.un.org/wpp

### 변화하는 인구

UN DESA, Population Division. The world at six billion. Author; 1999.

UN DESA; 2019, op cit.

## 24-25 기대 여명

### 기대 수명

WHO. Global Health Observatory Data Repository. Life expectancy and healthy life expectancy. Retr'd 17 June 2019, www.who.int

CIA. The World Factbook. Retr'd 17 June 2019, www.cia.gov

### 더 오래 사는 삶

Riley JC. Estimates of regional and global life expectancy, 1800-2001. Population and Development Review. 2005;31(3):537-543.

WHO, op cit.

## 26-29 여성과 남성

### 세상의 여성

World Bank. World Development Indicators. Retr'd 19 June 2019, www. data.worldbank.org

CIA. The World Factbook: Sex ratio. Retr'd 17 June 2019, www.cia.gov

### 남아와 여아

World Bank, op cit.

China Statistical Yearbook 2018. Beijing: China Statistics Press; 2019. stats.gov. cn

## 30-35 민족과 다양성

### 소수민족과 선주민

Minority Rights Group. World directory of minorities and indigenous peoples. 2019. Retr'd 31 July 2019, www. minorityrights.org

CIA. The World Factbook. Retr'd 31 July 2019, www.cia.gov

### 이주민

United Nations Department of Economic and Social Affairs (DESA), Population Division. Trends in international migrant stock: The 2017 revision.

China Statistical Yearbook 2018. Beijing: China Statistics Press; 2019. stats.gov. cn

### 공용어

CIA. op cit.

Holmes O, Balousha, H. One more racist law: Reactions as Israel axes Arabic as official language. The Guardian, 19 July 2018. www.theguardian.com

## 36-39 신앙

### 신자(Believers)

CIA. The World Factbook. Retr'd 19 June 2019, www.cia.gov

Hackett C et al. Global Christianity: A report on the size and distribution of the world's Christian population. Washington, DC: Pew Research Centre; 2011.

Miller T. Mapping the global Muslim population: A report on the size and distribution of the world's Muslim population. Washington, DC: Pew Research Center; 2009.

PEW Research Center. PEW-Templeton Global Religious Futures Project. Retr'd 20 June 2019, www. globalreligiousfutures.org

Kosovo: Mughal AG. Muslims in Kosovo: A socio-economic and demographic profile: Is the Muslim population exploding? Balkan Social Science Review. 2015;6:155-201.

Oman: Who are the Ibadis? The Economist. 18 Dec 2018. www. economist.com

### 세계의 종교

Grim, BJ, et al. Yearbook of international religious demography 2018. Brill; 2018.

Hackett, op cit.

Miller, op cit.

### 비종교인

Hackett, op cit.

## 40-43 문해력과 교육

### 성인 문맹률

UNESCO Institute for Statistics. Literacy rate, adult total. Retr'd 20 June 2019, www.data.uis.unesco.org

### 초등 교육 · 중등 교육 · 고등 교육

World Bank. World Development Indicators. Retr'd 19 June 2019, www. data.worldbank.org

## 44-47 도시화

UN DESA. 68% of the world population projected to live in urban areas by 2050, says UN. 16 May 2018. Retr'd 12 Dec 2019, www.un.org

### 도시 인구

UN DESA, Population Division. World Population Prospects 2019. Retr'd 19 June 2019, population.un.org

World Bank. World Development Indicators 2019. Retr'd 19 June 2019, www.data.worldbank.org

### 도시 거주자 · 10대 도시 · 도시 규모

UN DESA. World Urbanization Prospects 2018. New York: United Nations, 2018, population.un.org. Retr'd 26 May 2020.

## 부와 빈곤

## 50-51 소득

### 국민총소득 · 경제 성장

World Bank. World Development Indicators. Retr'd 19 June 2019, www. data.worldbank.org

## 52-55 불평등

### 부의 분배

World Bank. World Development Indicators. Retr'd 19 June 2019, www.data.worldbank.org

### 성별 임금 격차

International Labour Organization. Global wage report 2018/19: What lies behind gender pay gaps? Geneva: ILO; 2018.

### 세계의 빈곤

CIA. The World Factbook. Retr'd 23 Oct 2019, www.cia.gov
World Bank, op cit.

### 소수의 부유층

Kroll L. Billionaires - The richest people in the world: Mapping the world's richest. 2019. Retr'd 25 June 2019, www.forbes.com

### 경제 위기로부터의 회복

Kroll L, Miller M, Serafin T. The world's billionaires. Forbes; 2009.
Kroll, op cit.

## 56-57 삶의 질

### 상대적인 인간개발지수 · 삶의 질을 높이는 부?

United Nations Development Programme (UNDP). Human Development Indices and Indicators - 2018 Statistical Update. New York: Author; 2018.

## 58-59 초국적 기업

### 국가의 부를 능가하는 기업의 부

Fortune. Global 500. Retr'd 28 June 2019, www.fortune.com
World Bank. World Development Indicators. Retr'd 23 July 2019, www.data.worldbank.org

### 승자와 패자

Dehua C. Fortune Global 500 rankings sees China closing gap on US. Retr'd July 23 2019, www.gbtimes.com
Global 500, 2017.
Global 500, 2018.

## 60-61 은행

### 부의 비교 · 저울로 달아 보면

Fortune. Global 500. Retr'd 28 June 2019, www.fortune.com
World Bank. World Development Indicators. Retr'd 23 July 2019, www.data.worldbank.org

## 62-69 부패

### 부패율

Transparency International. Corruption Perceptions Index 2018. Retr'd 28 June 2019, www.transparency.org

### 지하 경제

Schneider LMF. Shadow economies around the world: What did we learn over the last 20 years? IMF Working Paper. Washington, DC: International Monetary Fund (IMF); 2018.

### 파나마 및 파라다이스 페이퍼스

Bullough O. Moneyland. London: Profile; 2018.
Obermaier F, Wormer V, Jaschensky W. About the Panama Papers. Retr'd 20 Sept 2019, www.panamapapers.sueddeutsche.de
Obermayer B, Obermaier F. The Panama Papers. London: Oneworld; 2016.

### 역외 금융 서비스

International Consortium of Investigative Journalists (ICIJ). Explore the Panama Papers key figures. 2017. Retr'd 20 Sept 2019, www.icij.org

### 파나마와 파라다이스 - 권력자

ICIJ. The power players. Retr'd 20 Sept 2019, www.icij.org

### 파나마 페이퍼스 - 유출의 효과

Shabbir, LGN. Gauging the global impacts of the Panama Papers three years later. Reuters Institute for the Study of Journalism; 2019.

## 70-73 부채

Global debt edged up in 2018, debt ratio little changed: IIF. Reuters. Business News. 2 Apr 2019. www.reuters.com

### 국가 부채

International Monetary Fund (IMF). General government gross debt (Percentage of GDP). Retr'd 1 July 2019, www.imf.org

### 가계 부채

IMF. Private debt, loans and debt securities (percent of GDP). 2019. Retr'd 1 July 2019, www.imf.org

### 총 가계 부채

Samuelson RJ. With booming global debt we're entering unexplored territory. The Washington Post. 16 Jan 2019.

## 74-75 돈 버는 방법

### 어느 부문이 국가 경제를 지배하고 있나?

The World Bank. World Development Indicators: Structure of output. Retr'd 24 July 2019, www.wdi.worldbank.org

### 관광업 의존도

World Travel & Tourism Council. Total contribution to GDP. Retr'd 2 July 2019, www.wttc.org

## 권리와 존중

## 78-81 정치 체제

### 현 정치 체제

Freedom House. Freedom in the world 2018 - Country reports. Retr'd 17 July 2019, www.freedomhouse.org
Heath-Brown N. The statesman's yearbook - The politics, cultures and economies of the world. London: Palgrave Macmillan; 2019.
Congo, Dem Rep: Doss A, Ibrahim M. Congo's Election: A defeat for democracy, a disaster for the people. 9 Feb 2019. Retr'd 18 July 2019, www.theguardian.com
Libya: BBC News. Libya country profile. Retr'd 18 July 2019, www.bbc.com
Mauritania: Thomas-Johnson A. Mauritanian authorities brutally crack down on post-election protests, videos show. 2019. Retr'd 22 July 2019, www.middleeasteye.net
South Sudan: UN News. South Sudan's peace process precarious, but progress is being made, Security Council hears. 2019. Retr'd 24 Oct 2019, www.news.un.org

### 다양한 정치 체제

UN DESA, Population Division. World Population Prospects 2019, Online Edition.

### 민주주의로의/민주주의로부터의 이행

Heath-Brown N. The statesman's yearbook - The politics, cultures and economies of the world. London: Palgrave Macmillan; 2019.
Albania and Colombia: CIA. The World Factbook. Retr'd 16 July 2019, www.cia.gov
Algeria, Bhutan, Chad, Republic of Congo, Denmark, Egypt, El Salvador, Japan, Kyrgyzstan, Lebanon, Mozambique, South Sudan, Tonga, Tunisia, United Kingdom: BBC News. Country Profiles. www.bbc.co.uk
Cameroon, Dominica, Liberia, Libya, Moldova, Tanzania: Encyclopedia Britannica. Country profiles. Retr'd 27 Nov 2019, www.britannica.com

New Zealand: Teara. The encyclopedia of New Zealand. teara.govt.nz

Trinidad & Tobago, Uganda: Freedom House. Freedom in the world 2018 - Country reports. www.freedomhouse.org

## 82-83 종교의 자유

### 종교에 대한 국가의 태도

Pew Research Center. Many countries favor specific religions, officially or unofficially. 3 Oct 2017.

US Department of State. 2018 Report on international religious freedom. www.state.gov

China: CIA. The World Factbook: China. Retr'd 23 Oct 2019, www.cia.gov

North Korea/Vietnam: United States Commission on International Religious Freedom (USCIRF). 2019 annual report. Washington, DC; 2019.

Samoa: Wyeth G. Samoa officially becomes a Christian state. 2017. www.thediplomat.com

### 이슬람법

CIA. The World Factbook: Legal System. Retr'd 23 Oct 2019, www.cia.gov

Hauser Global Law School Program, New York University School of Law, 2019. GlobaLex. Retr'd 23 Oct 2019, www.nyulawglobal.org

Heath-Brown N. The statesman's yearbook - The politics, cultures and economies of the world. London: Palgrave Macmillan; 2019.

US Department of State. 2018 Report on International Religious Freedom, 2019. Retr'd 23 Oct 2019, www.state.gov

## 84-89 인권

### 극단적인 인권 침해

Amnesty International. Amnesty International report 2017/18 - The state of the world's human rights. 2018.

Human Rights Watch. World report 2019 - Events of 2018 USA. 2019.

US Department of State. 2018 Country reports on human rights practices. 2019.

### 사법적 살인

Amnesty International, op cit.

Death Penalty Information Center. Retr'd 21 Oct 2019, www.deathpenaltyinfo.org

### 성매매

United Nations Office on Drugs and Crime (UNODC). Global report on trafficking in persons 2018: Country profiles. Vienna;

2018.

Cambodia: US Department of State. 2017, p.25.

France: US Department of State. Trafficking in persons report 2016, p.12.

Honduras to USA, Romania to Germany: US Department of State. Trafficking in persons report 2019, p.13.

Nigeria to Italy: US Department of State. Trafficking in persons report 2018, op. cit. p.8.

Syria to Lebanon: US Department of State. Trafficking in persons report 2017, p.4.

USA: US Department of State. op cit, 2018, p.10.

### 아동 학대

Swarens T. How many people are victims of sex trafficking? IndyStar. 14 Dec 2019. eu.indystar.com

## 90-93 아동 인권

### 미등록 아동

UNICEF Global Databases. Birth registration. Retr'd 16 Oct 2019, www.data.unicef.org

### 일하는 아동 · 위험에 처한 아동

International Labour Organization (ILO). Methodology: Global estimates of child labour, 2012-2016. Geneva: Author; 2017, pp.96-98.

### 학교에 못 가는 아동

The World Bank. Education statistics. Retr'd 15 Nov 2019, www.databank.worldbank.org

## 94-97 여성 인권

### 양성평등 · 성 불평등 변화

United Nations Development Programme (UNDP). Human Development Reports Data (1990-2017): Gender Inequality Index (GII). Retr'd 7 July 2019, www.hdr.undp.org

### 여성 의회 의원

UNDP. Human Development Reports Data (1990-2017): Share of seats in parliament (% held by women). Retr'd 7 July 2019, www.hdr.undp.org

### 여성 지도자

Wikipedia. List of elected and appointed female heads of state and government. Retr'd 25 Nov 2019, www.wikipedia.org

## 98-101 성 소수자 인권

### 법적 지위

Mendos LR. State-sponsored homophobia 2019. Geneva: International Lesbian, Gay, Bisexual, Trans and Intersex-Association; 2019.

Greenland, Taiwan: Pew Research Center (PEW). Same-sex marriage around the world. Retr'd 12 Nov 2019, www.pewforum.org

### 입양권

Mendos, op cit.

### 군 복무 허용

Polchar J, Sweijs T, Marten P, Galdiga JH. LGBT Military Index 2014. The Hague: The Hague Centre for Strategic Studies; 2014.

## 102-103 소수자

### 위협에 처한 사람들

Minority Rights Group. Peoples under threat 2019. Retr'd 24 Oct 2019, www.peoplesunderthreat.org

## 104-105 자유

### 세계의 자유 · 시간적 변화

Freedom House. Freedom in the World Countries. Retr'd 17 July 2019, www.freedomhouse.org

## 전쟁과 평화

## 108-111 21세기 전쟁

### 전쟁 중

Raleigh C, Linke A, Hegre H, Karlsen J. Introducing ACLED-Armed Conflict Location and Event Data. Journal of Peace Research. 2010;47(5):651-660. Retr'd 2 Nov 2019, www.acleddata.com

Chad: Pujol-Mazzini A. Suicide bomber kills five in Chad, including soldier. 12 Oct 2019. Retr'd 18 Nov 2019, www.reuters.com

Israel: Morris L, Eglash R, Balousha H. Death toll rises as Gaza militants fire hundreds of rockets into Israel, which responds with airstrikes. Washington Post, 5 May 2019. www.washingtonpost.com

Kenya: Bomb kills Kenyan police near Somali border. The Guardian, 13 Oct 2019. www.theguardian.com

Kenya: Torchia C. Death toll in Nairobi attack climbs to 21, plus 5 attackers. 2019. Retr'd 18 Nov 2019, www.apnews.com

Mozambique: Helms E. Regional overview: Africa. 27 Oct - 2 Nov 2019. The Armed Conflict Location & Event

Data Project (ACLED).

Nigeria: BBC News. Dozens of mourners killed by Boko Haram at a funeral in north Nigeria. 28 July 2019. www.bbc.com

Rwanda: Helms E, Karacalti A. Regional overview: Africa. 6 - 12 Oct 2019. The Armed Conflict Location & Event Data Project (ACLED).

Uganda: Nantulya P. Ever-adaptive allied democratic forces insurgency. 2019. Retr'd 18 Nov 2019, www.africacenter.org

### 고조되는 긴장감

Gleditsch NP et al. Armed Conflict 1946-2001: A new dataset. Journal of Peace Research. 2002;39(5):615-637.

Pettersson T, H gbladh S, berg M. Organized Violence, 1989-2018 and peace agreements. Journal of Peace Research. 2019;56(4).

Pettersson T. UCDP/PRIO Armed Conflict Dataset Codebook v 19.1.

Uppsala Conflict Data Program (UCDP) www.ucdp.uu.se

Uppsala Conflict Data Program (UCDP) www.ucdp.uu.se

### 국경 밖에서의 전쟁

Aspa JMR, Rufanges JC. Democratic Republic of Congo: A review of 20 years of war. Centre Del s d'Estudis per la Pau/Escola de Cultura de Pau; 2016.

Gleditsch et al, 2002, op cit.

Pettersson et al, 2019, op cit.

Pettersson, 2019, op cit.

## 112-115 군벌, 갱단, 민병대

### 비국가 무장 세력

Aboudi, S. In Yemen chaos, Islamic State grows to rival al Qaeda. Reuters, 30 June 2015. www.reuters.com

Al Jazeera. Saudi-UAE coalition cut deals with al-Qaeda in Yemen. Al Jazeera, 6 Aug 2018. www.aljazeera.com

Allister EM. Gunmen kill 13 in Senegal's Casamance region: Army. Reuters, 6 Jan 2018 www.reuters.com

BBC News. IS caliphate defeated but jihadist group remains a threat. BBC News, 23 Mar 2019. www.bbc.com

Behera A, Sharma SK. Militant groups in South Asia. Institute for Defence Studies and Analyses. New Delhi: Pentagon Press; 2014.

Bhaumik S. Myanmar has a new insurgency to worry about. This Week in Asia, 1 Sept 2017. www.scmp.com

Blanford N, Spyer J. Israel raises alarm over advances by Hizbullah and Iran. Jane's Military & Security Assessments Intelligence Centre; 2017.

Brady T. Threat level remains severe after merger of terror groups. Irish Independent, 14 Sept 2012. www.independent.ie

Browning N, Sharafedin B. In Iran, Islamic State seeks to fan militancy among minorities. Reuters, 15 Aug 2017. www.reuters.com

Casey N. Colombia's peace deal promised a new era. So why are these rebels rearming? The New York Times, 17 May 2019. www.nytimes.com

Center for Strategic and International Studies. Backgrounder: Islamic State Khorasan (IS-K). 2018.

Chang I-W, Haiyun Ma J. For them, Afghanistan is safer than China. Foreign Policy, 1 Nov 2018. www.foreignpolicy.com

Congo Research Group, New York University's Center on International Cooperation & Human Rights Watch (2019). KIVU Security Tracker: Armed groups. Retr'd 20 Nov 2019, www.kivusecurity.org

Cube C. The Taliban is gaining strength and territory in Afghanistan. NBC News, 30 Jan 2018. www.nbcnews.com

Dukhan, N. Splintered warfare: Alliances, affiliations, and agendas of armed factions and politico-military groups in the Central African Republic. Enough Project: 2017. enoughproject.org

Ebbighausen R. Southeast Asia in the crosshairs of Islamic State. 15 Oct 2019. www.dw.com

Heinrich M, Lewis A. Forces under Libya's Haftar say they're close to taking final eastern holdout. Reuters (online), 14 June 2018. www.af.reuters.com

Immigration and Refugee Board of Canada (2016). Brazil: First Command of the Capital (Primeiro Comando da Capital, PCC), including activities, targets, group structure and areas of operation; state protection for victims and witnesses of PCC crimes (2012 - Mar 2016). Ottawa.

Immigration and Refugee Board of Canada (2019). Brazil: The Red Command (Comando Vermelho, CV) criminal organization, including activities, areas of operation, membership, structure, networks, political connections, and resources; state protection available for victims of crimes committed by the Red Command (2017-Mar 2019). Ottawa.

International Crisis Group. Q&A: Boko Haram in Cameroon: Interview with Hans de Marie Heungoup. 2016. Retr'd 25 Nov 2019, www.crisisgroup.org

Jason Warner J, Hulme C. The Islamic State in Africa: Estimating fighter numbers in cells across the continent. CTC Sentinel. 2018;11(7):21-27.

Knights M. The JRTN Movement and Iraq's next insurgency. CTC Sentinel. 2011;4(7):1-6.

Lister C. Al Qaeda is starting to swallow the Syrian opposition. Foreign Policy, 15 Mar 2017. www.foreignpolicy.com

Martin P, Piccolino G, Speight J. Rebel networks' deep roots cause concerns for C te d'Ivoire transition. Global Observatory, International Peace Institute; 2017. Retr'd 25 Nov 2019, www.theglobalobservatory.org

Morris L. Is China backing Indian insurgents? The Diplomat. 22 Mar 2011. www.thediplomat.com

Nayak D K. Naxal violence: The Peoples' Liberation Front of India (PLFI) in Jharkhand. Institute of Peace and Conflict Studies (IPCS); 29 Mar 2013. www.ipcs.org

Neuhof F. Iran's forgotten Kurds step up the struggle. The National, 16 Apr 2016. www.thenational.ae.

Pack J. Kingdom of militias: Libya's second war of post-Qadhafi succession, Italian Institute for International Political Studies (ISPI); 2019.

Reuters. Search for PJAK in 2019.

S nchez MIC. Paramilitarism and state-terrorism in mexico as a case study of shrinking functions of the neoliberal state. Perspectives on Global Development and Technology. 2014;13:176-196.

Shih, G. AP Exclusive: Uighurs fighting in Syria take aim at China. AP News, 27 Dec 2017. www.apnews.com

South Asia Terrorism Portal (SATP), Institute of Conflict Management (ICM). India – Terrorists, Insurgents and extremist groups. 2017. Retr'd 21 Nov 2019, www.satp.org

Stanford University, Center for International Security and Cooperation (CISAC), SU. Mapping militants. 2018. www.cisac.fsi.stanford.edu

The Economic Times. Government bans militant outfit NSCN(K) for five years. 14 July 2018. www.economictimes.indiatimes.com

United Nations Security Council (2018).

Final report of the Group of Experts on the Democratic Republic of the Congo S/2018/531.

United Nations Security Council (2018). Jemmah Anshorut Tauhid (JAT). Update as of 17 July 2018. www.un.org

Uppsala University, Department of Peace and Conflict Research, Uppsala Conflict Data Program. Retr'd 21 Nov 2019, www.ucdp.uu.se

US Department of Defense, US Department of State, US Agency for International Development (2019). Operation Freedom's Sentinel. Lead Inspector General Report to the United States Congress, 1 Jan 2019 - 31 Mar 2019.

### 비국가 전쟁

Pettersson T, Högbladh S, Öberg M. Organized violence, 1989-2018 and peace agreements. Journal of Peace Research. 2019;56(4).

Pettersson T. UCDP Non-state conflict codebook v 19.1. Uppsala Conflict Data Program, Department of Peace and Conflict Research Uppsala University; 2019.

Sundberg R, Eck K, Kreutz J. Introducing the UCDP Non-State Conflict Dataset. Journal of Peace Research, 2012;49(2):351-362.

### 전장의 아이들

Nations General Assembly Security Council (2019). Children and armed conflict: Report of the Secretary-General A/73/907-S/2019/509.

## 116-119 군사력

### 군비 지출 · 군비 지출 상위 국가

Stockholm International Peace Research Institute (SIPRI). SIPRI Military Expenditure Database. Stockholm 2020.

### 군 병력 상위 10개국

International comparisons of defence expenditure and military personnel. The Military Balance. 2020;120(1): 529-534.

## 120-123 대량 살상

### 핵탄두 비축량 감소 · 핵탄두 비축량

Natural Resources Defense Council. Global nuclear stockpiles, 1945-2006. Bulletin of the Atomic Scientists. 2006;62(4):64-66.

Stockholm International Peace Research Institute (SIPRI). SIPRI yearbook. Oxford, UK: Oxford University Press.

2000-2019.

### 원자력 사고

atomicarchive.com (2015). Broken arrows: Nuclear weapons accidents. www.atomicarchive.com

Edwards A, Gregory S. The hidden cost of deterrence: Nuclear weapons accidents 1950-88. Bulletin of Peace Proposals 1989;20(1):3-26.

Hansen C. The swords of Armageddon. v2. vol VII. The development of US nuclear weapons (CD-ROM version), Chukelea Publications; 2007.

Petersen B. The atomic bomb that faded into South Carolina history. Military Times. 31 Mar 2018. www.militarytimes.com

US Department of Defense. Narrative summaries of accidents involving US nuclear weapons 1950-1980.

### 시리아의 화학 무기

Sanders-Zakre A. Timeline of Syrian chemical weapons activity, 2012-2019. Arms Control Association; 2019. Retr'd 25 Nov 2019, www.armscontrol.org

### 시리아에서의 화학 공격

L tkefend T, Schneider T. Nowhere to hide. The logic of chemical weapons use in Syria. Global Public Policy Institute (GPPi); 2019.

## 124-127 전쟁 사상자

### 21세기의 사망자 수 · 지역별 사망자 · 충돌 유형

Iraq Body Count. Documented civilian deaths from violence from 2003-2019. Retr'd 2 Dec 2019, www.iraqbodycount.org

Raleigh C, Linke A, Hegre A, Karlsen J. Introducing ACLED-Armed Conflict Location and Event Data. Journal of Peace Research. 2010;47(5):651-660.

Ralph S, Melander E. Introducing the UCDP georeferenced event dataset. Journal of Peace Research. 2013;50(4):523-532.

Syrian Observatory for Human Rights. More than 570 thousand people were killed on the Syrian territory within 8 years of revolution demanding freedom, democracy, justice, and equality. Retr'd 2 Dec 2019, www.syriahr.com.

United Nations Office for the Coordination of Humanitarian Affairs Occupied Palestinian Territory (OCHA oPt) (2019). Data on casualties. Retr'd 2 Dec 2019, www.ochaopt.org

## 128-129 테러

### 사건

National Consortium for the Study of Terrorism and Responses to Terrorism (START), University of Maryland. Global Terrorism Database (GTD). 2019.

## 130-133 난민

### 난민의 출신지

United Nations High Commissioner for Refugees (UNHCR). Global trends: Forced displacement in 2018. Table 2. 2019.

Palestinian territories: Communication Division, United Nations Relief and Works Agency for Palestine Refugees in the Near East (UNRWA) Headquarters. UNRWA in figures 2019. Jerusalem. 2019.

### 주요 난민 인구의 분산 · 난민의 목적지

United Nations High Commissioner for Refugees (UNHCR) Global trends: Forced displacement in 2018. Table 1. 2019.

### 국내 실향민

International displacement monitoring center (iDMC). 2018 internal displacement figures by country. Retr'd 5 Dec 2019, www.internal-displacement.org

### 국적이 없는 사람들

United Nations High Commissioner for Refugees (UNHCR) Global trends: Forced displacement in 2018. Table 7, Excel annex. 2019. www.unhcr.org

## 134-139 평화 유지

### 1990년 이후의 평화협정

Bell C et al. PA-X Peace Agreements Database and Dataset, Version 2. 2019.

### 폭력의 비용... 그것은 무엇에 사용될 수 있었나

de Coninck H et al. Strengthening and implementing the global response. In: Masson-Delmotte, P et al, editors. Global warming of 1.5°C. 2019.

Institute for Economics & Peace (IEP). Global Peace Index 2019: Measuring peace in a complex world. Sydney: IEP; 2019.

International Federation of Red Cross and Red Crescent Societies (IFRC). The cost of doing nothing: The humanitarian price of climate change and how it can be avoided. Geneva: IFRC; 2019.

Ritchie H, Roser M. Natural disasters:

Global damage costs from natural disasters. All natural disasters. Retr'd 20 Dec 2019, www.ourworldindata.org

United Nations Conference on Trade and Development (UNCTAD). Promoting investment in the sustainable development goals. Investment Advisory Series A, number 8. Geneva: UNCTAD; 2018.

### 유엔의 평화 유지 활동

United Nations Peacekeeping. Where we operate. Retr'd 20 Dec 2019, www.peacekeeping.un.org

### 평화 유지 활동

Stockholm International Peace Research Institute (SIPRI). SIPRI yearbook 2019: Armaments, disarmament and international security. Oxford: Oxford University Press; 2019.

United Nations Peacekeeping, op cit.

### 평화를 위한 병력

United Nations Peacekeeping. Peacekeeping operations Fact Sheet. 30 Sept 2019.

### 평화에의 기여

United Nations Peacekeeping, op cit. Retr'd 9 Dec 2019

## 140-143 새로운 최전선

### 사이버 전쟁

Center for Strategic & International Studies (CSIS). Significant cyber incidents since 2006. Retr'd Nov 2019, www.csis.org

Sanger DE. The perfect weapon. War, sabotage, and fear in the cyber age. New York: Crown Publishing Group; 2018.

Kaplan F. Dark territory. The secret history of cyber war. New York: Simon & Schuster; 2017.

Associated Press. China victim of 500,000 cyber-attacks in 2010, says security agency. Guardian, 9 Aug 2011. www.theguardian.com

Beaumont P. Stuxnet worm heralds new era of global cyberwar. Guardian, 30 Sept 2010. www.theguardian.com

Saul J. Global shipping feels fallout from Maersk cyberattack. Reuters, 29 June 2017. www.reuters.com.

Weatherford M. Lessons to be learned from a $10 billion cyberattack. Retr'd from www.whitehawk.com

### 3D 프린팅

Daase C et al. WMD capabilities enabled by additive manufacturing.

NDS Report 1908. Monterey, CA: Jupiter; 2019.

Bauer S, Brockmann K. 3D printing and missile technology controls. SIPRI Background Paper. Stockholm: Stockholm International Peace Research Institute; Nov 2017. www.sipri.org

Brockmann K. 3D-printable guns and why export controls on technical data matter. SIPRI Commentary/WritePeace blog, 1 Aug 2018. www.sipri.org

Brockmann K. Advances in 3D printing technology: Increasing biological weapon proliferation risks? SIPRI Commentary/WritePeace blog, 29 July 2019. www.sipri.org

Petch M. W3D Printing Community Responds to Covid-19 and Coronavirus Resources. 3D Printing Industry. Retr'd 9 April 2020, from www.3dprintingindustry.com

### 인공 지능과 군비 경쟁

Peld n Carlsson M. Autonomous weapon systems and the impact on strategic stability. Presentation at Rio Seminar on Autonomous Weapon Systems. Rio de Janeiro, Naval War College. 20 Feb 2020. www.funag.gov.br

## 인류의 건강

## 146-147 팬데믹

Neuman S. Global lockdowns resulting in "horrifying surge" in domestic violence, UN warns. NPR 6 April 2020. www.npr.org

Graham-Harrison E, Giuffrida A, Smith H, Ford L. Lockdowns around the world bring rise in domestic violence. 28 Mar 2020. www.theguardian.com

US Department of Health & Human Services, Centers for Disease Control and Prevention, National Center for Emerging and Zoonotic Infectious Diseases (NCEZID) (2017). "Zoonotic Diseases". Retr'd 4 June 2020, from www.cdc.gov.

### 전염병과 팬데믹의 시대

WHO. Summary table of SARS cases by country, 1 November 2002-7 August 2003. www.who.int

WHO. WHO MERS global summary and assessment of risk. August 2018. www.who.int

WHO Regional Office for the Eastern Mediterranean: Monthly MERS Situation updates July 2019 - January 2020. www.wmro.who.int

WHO. Ebola data and statistics. Summary

data, as of 11 May 2016. www.apps.who.int

WHO Regional Office for Africa. Ebola Virus Disease Democratic Republic of the Congo. External Situation Report94. 26 May 2020. www.apps.who.int

Centers for Disease Control and Prevention, National Center for Immunization and Respiratory Diseases (NCIRD). 2009 H1N1 Pandemic (H1N1pdm09 virus). Retr'd 8 June 2020 from www.cdc.gov

Rogers S. Full list of swine flu cases, country by country. The Guardian, 28 October 2009. www.theguardian.com

### 코로나19 · 코로나19 확진자 수

WHO. WHO Coronavirus Disease (COVID-19) Dashboard. Retr'd 22 June 2020 from covid19.who.int

## 148-151 영양실조

### 영양실조에 걸린 사람들

World Bank. World Development Indicators: Prevalence of undernourishment (% of population). Retr'd 16 Oct 2019, www.data.worldbank.org

Feeding America: Hunger in America. Retr'd 3 Jan 2020, www.feedingamerica.org

The Trussell Trust. End of year stats. Retr'd 3 Jan 2020, www.trusselltrust.org

Dramatic rise in Germans relying on food banks. 19 Sept 2019. www.dw.com

### 영양 부족

Micronutrient deficiencies: Vitamin A deficiency. Retr'd 3 Jan 2020, www.who.int/nutrition/topics/vad/en/

### 기아

FAO, IFAD, UNICEF, WFP, WHO. The state of food security and nutrition in the world 2019. Safeguarding against economic slowdowns and downturns. Rome: FAO. Table 1. 2019.

### 식량 부족

FAO. Crop prospects and food situation. Quarterly Global Report no. 3, Rome: FAO. Sept 2019.

## 152-155 비만

### 과체중 성인

WHO. Global Health Observatory data repository: Prevalence of overweight among adults. Estimates by country. Retr'd 25 Oct 2019, www.apps.who.int

### 비만의 영향

WHO. Obesity and overweight. Key facts. Retr'd 8 Jan 2020, www.who.int

### 과체중으로 인한 사망

Institute for Health Metrics and Evaluation (IHME). GBD compare data visualization. Retr'd 30 Oct 2019, www.vizhub.healthdata.org

### 심각해지는 미국의 비만 문제

Centres for Disease Control and Prevention (CDC). Adult obesity prevalence maps. Retr'd 6 Jan 2020, www.cdc.gov/obesity/data/prevalence-maps.html

## 156-159 흡연

### 흡연자

WHO. WHO global report on trends in prevalence of tobacco smoking 2000-2025, Table A1.5. Geneva: Author; 2018.

### 담배 소비량 · 금연법

American Lung Association. Smokefree air laws. Retr'd 6 Jan 2020, www.lung.org
Drope J et al. The tobacco atlas. Retr'd 30 Oct 2019, www.tobaccoatlas.org

### 흡연 관련 사망자 수

Shafey, O, Eriksen M, Ross H, Mackay J. The tobacco atlas, 3rd ed. Atlanta, GA: American Cancer Society; 2009.

## 160-165 암

World Cancer Research Fund. American Institute for Cancer Research. Comparing more and less developed countries. Retr'd 6 Jan 2020, www.wcrf.org/dietandcancer/cancer-trends/comparing-more-and-less-developed-countries
WHO. Cancer. Key facts. Retr'd 6 Jan 2020, www.who.int

### 증가하는 암

International Agency for Research on Cancer (IARC). World cancer report 2014. Stewart BW, Wild CP, editors. Lyon: Author; 2014.
IARC. World Cancer Report 2008. Boyle P, Levin B, editors. Lyon: Author; 2008.
Jemal A, Torre L, Soerjomataram I, Bray F (eds). The cancer atlas. 3rd ed. Atlanta, GA: American Cancer Society; 2019. www.cancer.org/canceratlas

### 소아암 생존율

Jemal A, op cit.

### 환경적 요인

Anand P et al. Cancer is a preventable disease that requires major lifestyle changes. Pharmaceutical Research. 2008;25(9):2097-2116.

### 남성 암 · 여성 암

IARC. GLOBOCAN 2018: Top cancer per country, estimated age-standardized incidence rates (World) in 2018, females/males, all ages. Retr'd 28 Oct 2019, www.gco.iarc.fr

## 166-169 후천성면역결핍증

### HIV/AIDS의 영향

### HIV/AIDS 감염자 추이

UNAIDS. HIV estimates with uncertainty bounds 1990-2018. 2019. Retr'd 18 Dec 2019, www.unaids.org

### 에이즈 고아

The World Bank. Health nutrition and population statistics. Retr'd 18 Dec 2019, www.databank.worldbank.org

### 입국 제한

UNAIDS 2019. AIDSinfo: Epidemic transition metrics - Laws and policies scorecard. Retr'd 4 Nov 2019, www.aidsinfo.unaids.org

### 항레트로바이러스 요법(ART)

UNAIDS. HIV treatment data and estimates 2010-2018.

### 텍스트

WHO. Global Health Observatory (GHO) data. HIV/AIDS. Retr'd 7 Jan 2020.
UNAIDS. HIV infections among children falling. 13 May 2019.

## 170-175 정신 건강

Ritchie H, Roser M. Mental Health. Our world in data. Apr 2018. ourworldindata.org/mental-health
WHO. Fact sheet. Adolescent mental health. 23 Oct 2019.
WHO. Fact sheet. Suicide. 2 Sept 2019.

### 정신 건강 장애

Ritchie, op cit.

### 정신 건강 관련 지출 · 정신과 의사 수

WHO. Mental health atlas 2017. Geneva: WHO; 2018.

### 남성 자살 · 여성 자살

WHO. Global Health Observatory (GHO) data: Age-standardized suicide rates (per 100 000 population), 2016. www.who.int. Retr'd 29 Oct 2019.

## 176-179 물과 위생

WHO, UNICEF. Millennium Development Goal drinking water target met. 6 Mar 2012. www.who.int
WHO, UNICEF. Progress on drinking water, sanitation and hygiene, 2017 update and SDG baselines. 2017.

### 식수

UNICEF. UNICEF data: Cross-sector indicators. Proportion of population using improved drinking water sources. Retr'd 20 Dec 2019, www.data.unicef.org

### 외부에서 물을 길어 와야 하는...

WHO, UNICEF; 2017 op cit.

### 위생

### 24개 국가에서는...

WHO, UNICEF. Estimates on the use of sanitation (2000-17). Joint Monitoring Programme for Sanitation. 2019. www.data.unicef.org

### 비위생적인 학교

WHO, UNICEF. Drinking water, sanitation and hygiene in schools: Global baseline report. 2018. www.data.unicef.org

## 180-181 병에 걸린 사람들

WHO. Global Health Observatory (GHO) data. Disability-adjusted life years (DALYs).

### 국가의 질병 부담

Global Health Estimates 2016: Disease burden by cause, age, sex, by country and by region, 2000-16. Geneva, WHO; 2018.

## 지구의 건강

Diaz S, Settele J, Brondizio E et al. Summary for policymakers of the global assessment report on biodiversity and ecosystem services of the Intergovernmental Science-Policy Platform on Biodiversity and Ecosystem Services. IPBES: 2019. ipbes.net/global-assessment

## 184-185 경계를 넘어서

Steffen W et al. Planetary boundaries: Guiding human development on a changing planet. Science 2015;347(6223).

### 지구 위험 한계선

Lokrantz J/Azote based on Steffen et al. 2015 www.stockholmresilience.org/research/planetary-boundaries.html

## 186-191 생물 다양성 감소

Crowther T, Glick H, Covey K et al. Mapping tree density at a global scale. Nature 2015;525:201-05.

Khokhar T, Tabary ME. Five forest figures for the International Day of Forests. 21 Mar 2016.

### 위협받는 포유류, 조류, 양서류

IUCN. Table 5: Threatened species in each country (totals by taxonomic group). 2019.

### 멸종 위기종

IUCN. Table1a: Number of species evaluated in relation to the overall number of described species, and numbers of threatened species by major groups of organisms. 2019.

### 파괴된 숲, 조림된 숲

FAO. Global forest resources assessment 2015. Desk reference. Second edition. Author: 2015.

### 보호 구역

World Database on Protected Areas. World Development Indicators: Terrestrial protected areas (% of total land area). The World Bank: 2019. Retr'd 18 Dec 2019, www.data.worldbank.org

### 지속 가능한 생계 수단

Rainforest Trust. Conservation in Latin America: Year in review. 27 Dec 2019. www.rainforesttrust.org/conservation-in-latin-america-year-in-review/

### 지역 공동체 관리

Sunday O. A tale of two Nigerian reserves underscores importance of community. 9 Apr 2020. Mongabay. news.mongabay.com/2020/04/a-tale-of-two-nigerian-reserves-underscores-importance-of-community/

### 산림 보호의 이점 · 보존을 위한 대중의 인식 변화

12 conservation success stories - in pictures. The Guardian. 22 May 2018. www.theguardian.com

## 192-197 수자원

UN. Sustainable Development Goal 6. Synthesis report 2018 on water and sanitation. United Nations: New York; 2018.

### 물 사용량 증가

Shiklomanov I. World water resources at the beginning of the 21st century. The dynamics. Table 7. webworld.unesco.org

Burek P et al. Water futures and solutions. Fast track initiative - Final report. ADA Project Number 2725-00/2014). Table 4-10. Laxenburg: IIASA; 2016.

### 전 세계의 물 사용 용도 · 수자원 이용 · 물 부족

FAO. AQUASTAT main database. Retr'd 4 June 2019, www.fao.org

## 198-201 쓰레기

McGrath M. US top of the garbage pile in global waste crisis. BBC: 3 July 2019. www.bbc.com/news/science-environment-48838699

World Bank. Trends in solid waste management. datatopics.worldbank.org

Holden E. US produces far more waste and recycles far less of it than other developed countries. Guardian: 3 July 2019.

Cagle S. Humans have made 8.3bn tons of plastic since 1950. Guardian: 24 June 2019. www.theguardian.com

EPA's Report on the Environment (ROE). www.epa.gov/roe

### 플라스틱 폐기물

Belize: Ambergris Today Online (2019). Belize's Single-Use Plastic ban starts today!. Ambergris Today Online. Retr'd 8 Feb 2020, www.ambergistoday.com

Chile: BBC News. Chile bans plastic bags for businesses. BBC News online. 3 Aug 2018. Retr'd 8 Feb 2020, www.bbc.com

China: UNEP, 2018. p.53.

Cyprus: Cyprus introduces plastic bag law. Gold News: 2 July 2018. www.goldnews.com.cy

DR Congo: Soi C. The deadly cost of DR Congo's pollution. Reuters: 2 Oct 2018. www.Aljazeera.com

East African Legislative Assembly: Karuhanga, 2017.

England: Woodcock A. Plastic bag usage in supermarkets down 90 per cent since introduction of 5p charge in 2015. 31 July 2019. www.independent.co.uk

EU and Hong Kong: Single-use plastics. A roadmap for sustainability. Nairobi (Kenya): UNEP: 2018.

France: France to phase out single-use plastics starting Jan 1. France 24: 31 Dec 2019. www.france24.com

Jamaica: Ministry of Economic Growth and Job Creation Jamaica. Statement: Reduction of plastic waste. 2019. www.megjc.gov.jm

Lithuania: Supermarkets in Lithuania to face fines for free plastic bags. Lithuanian Radio and Television: 28 Jan 2020. www.lrt.lt.

New Zealand: Ministry for the Environment, New Zealand. Single-use plastic shopping bags are banned in New Zealand. 2019. www.mfe.govt.nz.

Nigeria: Reps adopt bill banning use of plastic bags, prescribe N500,000 fine. Channels Television. 21 May 2019. www.channelstv.com

Slovenia: No more free plastic bags in Slovenian stores. The Slovenia Times. 2 Jan 2019. www.sloveniatimes.com

Tanzania: Tanzania bans plastic bags to clean up environment. Deutsche Welle: 1 June 2019. www.dw.com

UNEP. Single-use plastics. A roadmap for sustainability. Nairobi (Kenya): UNEP; 2018.

Uruguay: Plastic bags banned in Uruguay, but no hope for larger waste bill. Bloomberg Environment: 29 Jan 2019. www.new.bloombergenvironment.com

What is the great pacific garbage patch? Retr'd 29 Dec 2019, www.theoceancleanup.com

### 폐기물 발생

World Bank. Global waste to grow by 70 percent by 2050 unless urgent action is taken. Press release: 20 Sept 2018. worldbank.org

### 플라스틱 천지

PlasticsEurope (2013). Plastics - the Facts 2013, 2015, 2017, 2019. All Retr'd 29 Dec 2019, www.plasticseurope.org

Beach trash

Ocean Conservancy. Annual reports, 2011-2019. oceanconservancy.org

## 202-203 해양

### 해양 보호

The World Bank. World Development Indicators: Marine protected areas (% of territorial waters). Retr'd 29 Dec 2019, www.data.worldbank.org

### 산호초

Heron et al. Impacts of climate change on world heritage coral reefs : A first global scientific assessment. Paris: UNESCO World Heritage Centre, 1-2. 2017.

International Union for Conservation of Nature (IUCN) Issue brief: Coral reefs and climate change. 2017. www.iucn.org

Spalding, MD, Brumbaugh RD, Landis E. Atlas of ocean wealth. Arlington, VA: The Nature Conservancy; 2016.

Three examples of reefs: Wikipedia. List of reefs. Retr'd 8 Feb 2020, www.

en.wikipedia.org

해초

WWF and ZSL; 2015. op cit.

맹그로브

Bindoff et al. Changing ocean, marine ecosystems, and dependent communities In: IPCC special report on the ocean and cryosphere in a changing climate. 2019. p. 495.

Baxter JM, Laffoley D (eds) Explaining ocean warming. Causes, scale, effects and consequences. Gland: IUCN; 2016. pp. 136-138.

북대서양참고래 · 대왕고래 · 고래상어

WWF. Fact sheets on species. Retr'd 4 Feb 2020, www.worldwildlife.org

상어, 가오리

WWF and ZSL; 2015. op cit.

Neslen A. 40% of Europe's sharks and rays face extinction, says IUCN. The Guardian. 3 June 2015. www.theguardian.com

해양 데드 존

Carrington D. Oceans suffocating as huge dead zones quadruple since 1950, scientists warn. The Guardian. 4 January 2018. www.theguardian.com

해삼

de Greef K. Sea cucumbers are being eaten to death. National Geographic. 14 Nov 2018. www.nationalgeographic. com

World Wildlife Fund International (WWF) & Zoological Society of London (ZSL). Living blue planet report. Species, habitats and human well-being. Gland: WWF and London: ZSL: 2015.

해양 산성화

Borunda A. Ocean acidification, explained. National Geographic. 7 August 2019. www.nationalgeographic.com

지구 해양의 8%가...

UNEP-WCMC and IUCN. Marine protected planet, UNEP-WCMC and IUCN. 2019. www.protectedplanet.net

## 204-205 에너지

에너지 사용 · 에너지 사용량 변화율

World Bank. World Development Indicators 2019. Retr'd 4 Feb 2020, www.data.worldbank.org

## 206-211 기후 변화

과거 배출량과 예상되는 결과 · 북극해의 빙하

Potsdam Institute for Climate Impact Research. Tipping elements - the Achilles heels of the earth system. Retr'd 25 Jan 2020, www.pik-potsdam.de

Kashiwase H et al. Evidence for ice-ocean albedo feedback in the Arctic Ocean shifting to a seasonal ice zone. Sci Rep. 2017;7:8170. doi.org/10.1038/s41598-017-08467-z

그린란드 빙상

IPCC. Summary for Policymakers. In: Global Warming of 1.5°C. IPCC; 2018. B.2.2.

동남극 빙상과 서남극 빙상

Potsdam Institute for Climate Impact Research. op cit.

Lenton TM et al. Climate tipping points - too risky to bet against. Nature. 27 Nov 2019. www.nature.com

세계의 바다

Potsdam Institute for Climate Impact Research. op cit.

영구 동토층

IPCC, op cit. Table 3.7.

아마존 열대 우림

Gatehouse G. Deforested parts of Amazon 'emitting more CO2 than they absorb'. BBC News. 11 Feb 2020. www.bbc.com

대기 중 이산화탄소

Tans P. NOAA/ESRL (www.esrl.noaa.gov/gmd/ccgg/trends/), Keeling R, Scripps Institution of Oceanography (scrippsco2.ucsd.edu/). Accessed Mar 2020 from: Global Monitoring Laboratory. Mauna Loa CO2 records.

자연재해로 인한 인적 손실 · 자연재해로 인한 경제적 손실

Centre for Research on the Epidemiology of Disasters (CRED) (2020). EM-DAT. The International Disaster Database. Data as of 30 Jan 2020. www.emdat.be

텍스트

United Nations (UN). Paris Agreement. 2015. sustainabledevelopment.un.org

배출량을 줄이기 위한 일정표 · 부문별 전환

Schaeffer M et al. Insights from the IPCC Special Report on 1.5°C for preparation of long-term strategies. Berlin (Germany): Climate Analytics gGmbH; 2019.

IPCC. Summary for Policymakers. In: Global Warming of 1.5°C. IPCC; 2018.

## 212-215 녹색 지구 만들기

Energy & Climate Intelligence Unit. www.eciu.net

ITV. World sees growing move towards net zero emissions goals - analysis. 18 Feb 2020. www.itv.com

순 배출량 제로화를 위한 공약

Climate Analytics & New Climate Institute. Climate Action Tracker: Countries. Retr'd 7 Mar 2020, www.climateactiontracker.org

Energy & Climate Intelligence Unit. Net zero tracker. Retr'd 8 Mar 2020, www.eciu.net

화석 연료 투자 철회

350.org. 1000+ divestment commitments. Overview. Retr'd 16 Mar 2020, www.gofossilfree.org

재생 에너지의 성장

REN21. Renewables Global Status Report. Paris: REN21 Secretariat. 2009-2019.

녹색 만리장성

United Nations Convention to Combat Desertification (2020). Partner countries. Retr'd 16 Mar 2020, www.greatgreenwall.org

Baker A, Toubab M. Can a 4,815-mile wall of trees help curb climate change in Africa? Time. 12 Sept 2019. www.time.com

United Nations Convention to Combat Desertification. The Great Green Wall Initiative. Retr'd 8 Mar 2020, www.unccd.int

# 색인

**지금 세계**

**지은이** 댄 스미스 **옮긴이** 김이재 **발행인** 이상용 **발행처** 청아출판사 **출판등록** 1979. 11. 13. 제9-84호 **주소** 경기도 파주시 회동길 363-15
**대표전화** 031-955-6031 **팩스** 031-955-6036 **전자우편** chungabook@naver.com **발행일** 초판 1쇄 인쇄 · 2022. 4. 15. 초판 1쇄 발행 · 2022.
5. 1.

—

ISBN 978-89-368-1202-7 03300

—

값은 뒤표지에 있습니다. 잘못된 책은 구입한 서점에서 바꾸어 드립니다. 본 도서에 대한 문의사항은 이메일을 통해 주십시오.

약 2억 5,800만 명의 사람들이
자신이 태어나지 않은 나라에서 살고 있다.

21세기
전쟁의 50%는
민족 및 국가 정체성을
둘러싼 갈등에서
비롯됐다.

2016년
100만 명의 아동이
성적 착취를 당했다.